ドラッグストアで「買ってはいけない」「買ってもいい」商品

渡辺雄二 Yuji Watanabe

大和書房

はじめに

「買ってはいけない」といわざるを得ない製品が多い

コンビニやスーパーとともに、私たちの生活になくてはならないものになっているドラッグストア。マツモトキヨシ、ウエルシア、くすりの福太郎など様々なお店が各地にあり、「時々利用している」という人はとても多いでしょう。コラーゲンドリンク、ダイエット食品、青汁などの「ダイエット・美容・健康食品」、うがい薬、歯磨き剤などの「のどケア・マウスケア製品」、日焼け止めクリーム、化粧水、ＢＢクリームなどの「スキンケア製品」など、毎日の生活に欠かせないものがずらずらっと並んでいます。

さらにボディソープ・シャンプー、医薬品、洗剤・洗浄剤、消臭剤、防虫製品、新型コロナ対策製品、花粉症対策製品などもずらずらっと並んでいます。しかも、それらはテレビでＣＭが流されているものも多く、「買っておかなければ」「一度試してみたい」という気持ちにさせられている人も多いでしょう。しかし、中には「買ってはいけない」といわざるを得ない製品も少なくないのです。

まずダイエット・美容・健康食品ですが、ゼロカロリーあるいは低カロリーの合成甘味料

（人工甘味料）を使っている製品が圧倒的に多くなっています。しかし、それらは体にとってよくないものなのです。

使われている合成甘味料は、「アセスルファムＫ（カリウム）」、「スクラロース」、「アスパルテーム」の三種類です。原材料名に「甘味料（アセスルファムＫ）」、あるいは「甘味料（スクラロース）」という文字を見たことのある人も少なくないと思います。

アセスルファムＫとスクラロースは、ゼロカロリーです。砂糖とは違って、胃や腸で消化されることがなく、そのまま血液中に入って全身を巡ります。しかし、エネルギーに変換されることなく、ぐるぐる巡り続けるだけなのです。つまり、人間の体内で代謝されないのです。

三種の合成甘味料入り製品は避けよう！

さて、その影響はどうなのでしょうか？　人間で調べるわけにはいかないので、ネズミやイヌなどを使って、毒性が調べられています。まずアセスルファムＫですが、それをえさに混ぜてイヌに2年間食べさせた実験では、肝臓に障害が発生した時に増えるＧＰＴ（ＡＬＴ）が増加しました。つまり、肝臓の細胞が一部破壊されたということです。また免疫の中心であるリンパ球が減少しました。これは、免疫力が低下するということです。

肝臓も免疫も、私たちが生命を維持するうえでとても大切なものです。それらがダメージを受けるということですから、それが続けば体に不調が現れますし、感染症にもかかりやすくなると考えられます。

　ちなみに、私はアセスルファムＫ入りの飲料を口に含んだことがありますが、舌がしびれました。そして、その状態は2～3日間続きました。舌は敏感なセンサーであり、体にとって害のあるものに対して、苦く感じたり、すっぱく感じるなど異常を察知して、それを飲み込まないようにして体を守っています。その舌がしびれて、その状態が長く続いたのですから、おそらく体によくないものであることは間違いありません。

　次にスクラロースですが、これは、猛毒のダイオキシン、農薬のＤＤＴやＢＨＣと同じく、有機塩素化合物の一種です。有機塩素化合物はすべて毒性物質といっても過言ではありません。農薬の多くも有機塩素化合物です。

　スクラロースについては、それをえさに混ぜてネズミに食べさせた実験で、胸線と脾臓のリンパ組織が萎縮しました。これは、リンパ球が減少して、やはり免疫力が低下することを示唆しています。

　私はスクラロース入りの飲料やお菓子も口に入れたことがありますが、やはり舌がしびれて、その状態は2～3日間続きました。アセスルファムＫと同じく、体にとってよくないものであることは間違いないでしょう。

　それからアスパルテーム。これは、発がん性の疑いが持たれています。ネズミに投与した実験で、白血病やリンパ腫の発生が認められているからです。そのため、世界保健機関（ＷＨＯ）の専門組織である国際がん研究機関（ＩＡＲＣ）は、２０２３年7月、アスパルテームが「ヒトに対して、発がん性の可能性がある物質」であることを公表しました。
以上のことから、アセスルファムK、スクラロース、アスパルテームが入っている飲料や食品を食べ続けると体に障害が発生する可能性があり、「買ってはいけない」と言わざるを得ないのです。

お金を無駄に使って、不健康にならないために

食品に加えて、のどケア・マウスケア製品、スキンケア製品、ヘアケア・ボディケア製品など、成分が口の中に入ったり、肌に直接付着するものも要注意です。とくに注意すべきは、うがい薬や歯磨き剤です。

それらには合成甘味料のサッカリンNa（ナトリウム）が入っている製品が多いのですが、サッカリンNaは一度「発がん性がある」ということで使用が禁止になった添加物です。その後、再び使用が認められましたが、発がん性の疑惑は晴れていません。

実はサッカリンNaは、人間に白血病を起こすことが判明しているベンゼンという物質を骨格として化学合成されたものであり、ベンゼンと同様に細胞の遺伝子を変異させる可能性があります。とくにうがい薬に含まれたサッカリンNaは、のどの粘膜細胞に直接作用し、その中に入り込んで、遺伝子を変異させる可能性があります。それが繰り返されれば、やがてがんが発生する心配があるのです。なお、歯磨き剤にもサッカリンNaが含まれています。

このほか、リップクリーム、日焼け止めクリーム、ＢＢクリームなどにも発がん性の疑いのある化学合成物質が含まれる製品があります。また、ボディソープやシャンプーには、刺激性の強い合成界面活性剤が使われています。さらに、洗浄剤や消臭剤、虫対策製品、新型コロナ対策製品などにも危険性のある化学合成物質が使われているのです。

企業の第一目標は利益を上げることですから、多少危険な物質でも、法律に違反しなければ平気で使います。また、消費者にとって必要であろうとなかろうと、とにかく売れそうなものであれば次々に開発し、宣伝して販売します。そうした製品がドラッグストアにずらっと並んでいるのです。

ですから、消費者としては、それらを選択していかなければならないのです。生活していくうえで本当に必要なもので、体に害をおよぼすことのないようなもの、こうした製品を選んでいかなければなりません。そうしないと、お金を無駄に使って、不健康に陥《おちい》るということになりかねないのです。そうならないために、本書がお役に立つことを願ってやみません。

渡辺雄二

ドラッグストアで「買ってはいけない」「買ってもいい」商品　目次

第2章 「買ってはいけない」と「買ってもいい」の中間の商品

△

第3章 「買ってもいい」商品

［本書の見方］

×　第1章「買ってはいけない」商品

・食品やうがい薬など口の中に入るもので、危険性の高い化学合成物質を含むもの。
・汗腺を塞ぐなど、体の正常なシステムをブロックし、体の不調を引き起こす可能性があり、さらに皮膚障害などを起こす可能性のあるもの。
・本来必要ないと考えられる製品で、しかも皮膚炎などを起こす可能性のあるもの。
・ボディソープやシャンプーなど肌に直接触れるもので、皮膚炎やアレルギーなどの障害を起こす可能性の高いもの。
・医薬品で、成分の毒性がひじょうに強い、またはひじょうに強い副作用が現れることがあるもの。
・洗剤や洗浄剤で、毒性の強い成分が含まれ、使い方を誤ると死亡するおそれのあるもの。
・防虫製品で、とくに危険性の高いもの。
・効果がないのに、効果があるように消費者をあざむいているもの。

○　第3章「買ってもいい」商品

・口に入れても、安全性に問題のないもの。
・肌に直接触れても、問題のないもの。
・医薬品で、副作用のほとんどないもの。
・洗剤や洗浄剤で、人体や環境にほとんど悪影響のないもの。

△　第2章「買ってはいけない」と「買ってもいい」の中間の商品

本文を読んで、「買ってはいけない」か「買ってもいい」か、ご自分で判断してみて下さい。

●各項目ごとの写真の製品は、代表的なものを掲載していますが、その他の製品も解説していますので、参考にして下さい。なお、栄養成分表示は、「エネルギー」「たんぱく質」「脂質」「炭水化物」「食塩相当量」を原則として書いており、必ずしもすべての成分を表記しているわけではありません。なお、各製品の内容に深く関わっている成分については、別途表記しています。

❗マークに関して

発がん性の疑いがある、あるいは免疫力を低下させたり、皮膚障害を起こす可能性があるなど、人体に悪影響をおよぼすおそれのある化学合成物質（一部天然物質を含む）。第4章では、❗マークの物質について大部分を解説しています。

本書に出てくるデータは、主に次の文献を参考にしています。

『アセスルファムカリウムの指定について』『スクラロースの指定について』（以上、厚生労働省行政情報）、『第7版　食品添加物公定書解説書』（谷村顕雄ほか監修、廣川書店刊）、『食品添加物の実際知識　第3版および第4版』（谷村顕雄著、東洋経済新報社刊）、『既存天然添加物の安全性評価に関する調査研究――平成8年度厚生科学研究報告書』（厚生省生活衛生局食品化学課監修、日本添加物協会刊）、『天然添加物の安全性に関する文献調査』（東京都生活文化局消費生活部作成）、『添加物評価書ポリソルベート類』（内閣府食品安全委員会作成）、『添加物評価書サッカリンカルシウム』（内閣府食品安全委員会添加物専門調査会作成）、『化粧品成分オンライン』サイト、『図説洗剤のすべて』（三上美樹ほか著、合同出版刊）、『有害物質小事典』（泉邦彦著、研究社刊）、『２００４薬事衛生六法』（薬事日報社刊）、『農薬毒性の事典改訂版』（植村振作ほか著、三省堂刊）、『洗剤の毒性とその評価』（厚生省環境衛生局食品化学課編、社団法人・日本食品衛生協会刊）、『添加物評価書ヒドロキシプロピルメチルセルロース』（内閣府食品安全委員会添加物専門調査会作成）、『抗菌・防カビ技術』（内堀毅監修、シーエムシー出版刊）、『漢方家庭医学百科』（久保道徳ほか著、評伝社刊）

第1章

「買ってはいけない」商品

コラーゲンドリンク
コラーゲンをとれても、飲んではいけない

「肌にハリと弾力をあたえる」ということで、女性に人気のあるコラーゲン。それを含んだコラーゲンドリンクが売られています。しかし、**値段が高いうえ、危険性のある合成甘味料（人工甘味料）が含まれているのです。**

コラーゲンドリンクの代表格といえる「ザ・コラーゲン」。コラーゲンペプチド（コラーゲンを分解したもの）が、１本（50㎖）当たり１０００㎎含まれています。しかし、１本の値段が２７０円（税込み）でした。「１日１本を目安に」という表示に従って飲み続けると、１か月（31日）で８３７０円にもなってしまいます。

コラーゲンはたんぱく質の一種で、それを摂《と》ると各種のアミノ酸に分解され、それらを原料として体の中でのコラーゲンの生成が促進されます。コラーゲンは体内のたんぱく質の約30％を占めていて、皮膚にもっとも多く存在しているので、それを摂ることで皮膚の状態がよくなるため、「肌にいい」と言われているのです。

しかし、コラーゲンドリンクを飲むのは止めたほうがよいでしょう。毎日飲むとかなりの金額になってしまいますし、さらに合成甘味料のスクラロースとアセスルファムＫが添加されているからです。スクラロースは有機塩素化合物の一種であり、動物実験の結果から、免疫力を

低下させる心配があります。また、アセスルファムKは、やはり動物実験の結果から、肝臓にダメージを与えたり、免疫力を低下させる心配があります。なお、「DHCコラーゲンビューティ７０００＋」にも、スクラロースとアセスルファムKが添加されています。

「コラーゲンを摂りたい」という方には、ゼラチンパウダーをおススメします。ゼラチンはコラーゲンを少し分解したもので、成分的にはコラーゲンとほとんど変わりません。それを乾燥させたのがゼラチンパウダーです。「ゼライス」（マルハニチロ）や「クックゼラチン」（森永製菓）などが代表的。原料はコラーゲンのみで、無添加です。１箱（30ｇ）が税込みで２００円前後。１日に１ｇ（１０００mg）を摂ると30日分になり、とてもリーズナブルです。

●ザ・コラーゲン〈The Collagen〉（資生堂薬品）

［原材料名］エリスリトール（中国製造）、コラーゲンペプチド（ゼラチンを含む）、還元麦芽糖水飴、コケモモ果汁、アムラ果実エキス、温州ミカンエキス、こんにゃく芋エキス、ヒアルロン酸、イチゴ種子エキス／香料（オレンジ由来）、酸味料、V.C、増粘多糖類（大豆由来）、甘味料（❗アセスルファムK、❗スクラロース）、$V.B_2$

［栄養成分表示］（1本50mLあたり）エネルギー 8.2kcal、たんぱく質 1.1g、脂質 0g、炭水化物 4.2g、食塩相当量 0.0019g～0.18g
ビタミンC 100mg、コラーゲン 1000mg、ヒアルロン酸 5mg、セラミド 600μg

✕

ダイエット食品

ダイエット成分のほかに余計なものが

写真の製品には、消化されにくい炭水化物である「食物繊維」が3種類含まれています。「難消化性デキストリン」、「エリスリトール」、そして「こんにゃく粉」に含まれるグルコマンナンです。

デキストリンは、ぶどう糖がいくつも結合したもので、その中で消化されにくいのが、難消化性デキストリンです。エリスリトールは、ぶどう糖やでんぷんを酵母で発酵させて得られるもので、もともと果実類やキノコ、ワインなどに含まれています。そして、グルコマンナンは、こんにゃく芋に含まれる独特の食物繊維です。

いずれもカロリー（エネルギー）にならないため、ダイエット食品に利用されているのです。また、難消化性デキストリンは腸内環境を整える働きもあるため、この製品は特定保健用食品（トクホ）の許可を消費者庁から受けています。

ということで、よい食品に見えるのですが、残念ながら余計なものが入っています。合成甘味料のスクラロースです。**スクラロースは、ショ糖の三つの水酸基（-OH）を、塩素（Cl）に置き換えたもので、悪名高い「有機塩素化合物」の一種なのです。**

有機塩素化合物は、農薬のＤＤＴやＢＨＣ、猛毒のダイオキシンなど、すべてが毒性物質と言っても過言ではありません。スクラロースの場合、妊娠したウサギに1日に体重1kgあたり0・7gを強制的に食べさせた実験で、下痢を起こして、それにともなう体重減少が見られ、死亡や流産が一部で見られました。また、5％を含むえさをラットに食べさせた実験では、胸腺や脾臓《ひぞう》のリンパ組織の萎縮が認められました。これはリンパ球が減って、免疫力が低下する可能性があるということです。ラットを使った実験では、脳に入り込むことが分かっています。

マンナンライフの「蒟蒻畑　ララクラッシュ」、オリヒロプランデュの「ぷるんと蒟蒻ゼリー」シリーズにもスクラロースが添加されています。後者には、さらに合成甘味料のアセスルファムKやアスパルテーム（ダイエット甘味料の項参照）も添加されています。

●クラッシュタイプの蒟蒻畑　ライト ぶどう味（マンナンライフ）

★特定保健用食品

［許可表示］難消化性デキストリンが含まれているのでおなかの調子を整えます

［1日摂取目安量］1食（150g）を目安にお召し上がりください

［原材料名］果糖ぶどう糖液糖（国内製造）、難消化性デキストリン、エリスリトール、果汁（ぶどう、ブルーベリー）、洋酒、果糖、こんにゃく粉／ゲル化剤（増粘多糖類）、酸味料、乳酸Ca、香料、甘味料（❗スクラロース）

［栄養成分表示］（1食150gあたり）エネルギー 39kcal、たんぱく質 0g、脂質 0g、炭水化物 19.5g、食塩相当量 0.12g
関与成分：難消化性デキストリン（食物繊維として）5g

ダイエット甘味料

発がんの疑いのあるアスパルテームが主原料

「砂糖は太る」というイメージがあり、それに代わるゼロカロリーや低カロリーのダイエット甘味料が人気です。代表格は「パルスイート」。「砂糖と同じ甘さで、カロリーゼロ・糖類ゼロの甘味料です」と表示されています。肥満気味の人にとっては、魅力的な言葉でしょう。しかし、砂糖の代わりに使われている合成甘味料には危険性があります。

まずアスパルテーム。これは（株）味の素が生産している添加物です。アミノ酸のＬ－フェニルアラニンとアスパラギン酸、そして劇物のメチルアルコールを結合させて作ったもので、砂糖の１８０～２２０倍の甘味があります。アメリカでは１９８１年に使用が認められましたが、アスパルテームを摂った人たちから、頭痛やめまい、不眠、視力・味覚障害などを起こしたという苦情が寄せられたといいます。体内で分解して、劇物のメチルアルコールができたためと考えられています。

さらに１９９０年代後半には、アメリカの複数の研究者によって、アスパルテームが脳腫瘍を起こす可能性があることが指摘されました。また、２００５年にイタリアで行われた動物実験では、アスパルテームによって白血病やリンパ腫が発生することが認められ、人間が食品からとっている量に近い量でも異常が観察されました。**そのため２０２３年７月、ＷＨＯ（世界**

保健機関）の専門組織であるＩＡＲＣ（国際がん研究機関）は、アスパルテームをグループ２Ｂ（ヒトに対して発がん性がある可能性がある）物質に分類しました。

ほかにアセスルファムＫも入っています。自然界に存在しない化学合成物質で、砂糖の約２００倍の甘味があります。しかしイヌにアセスルファムＫを０・３％および３％含むえさを２年間食べさせた実験では、０・３％群でリンパ球の減少が、３％群ではＧＰＴ（ＡＬＴ、肝臓障害の際に増える酵素）の増加とリンパ球の減少が認められました。そのため肝臓や免疫に対するダメージが心配されるのです。さらに妊娠したネズミを使った実験では、胎児に移行することが確認されました。一方、「シュガーカット」（浅田飴）には、スクラロースが使われています。

●パルスイート（味の素）

[原材料名] エリスリトール（フランス製造又は米国製造）／甘味料（❗アスパルテーム・L-フェニルアラニン化合物、❗アセスルファムＫ）、香料

[栄養成分表示]（小さじ1杯3.0g当たり）エネルギー 0kcal、たんぱく質 0g、脂質 0g、炭水化物 3.0g、食塩相当量 0g

免疫サポート飲料

免疫機能はアップせず、かえって低下の心配

新型コロナウイルス感染症の蔓延《まんえん》によって、体の免疫力の大切さを改めて認識した人も多いと思います。その免疫力を維持する（アップではありません）という飲料が、キリンビバレッジの「イミューズ」です。ボトルには「健康な人の免疫機能の維持をサポート」と表示されています。ちなみに機能性表示食品です。**しかし免疫機能の「アップ」ではなく、単なる「維持」であれば、こうした飲料をわざわざ飲まなくても、通常の食事を摂ればよいと考えられます。**

この製品の特徴は「プラズマ乳酸菌」が含まれることです。届出表示には、「プラズマ乳酸菌はｐＤＣ（プラズマサイトイド樹状細胞）に働きかけ……」とあります。ここでの「樹状細胞」とは、免疫システムの「見張り役」を果たしている、樹状の形をした細胞であり、主に二種類に分類されます。一つは、ミエロイド樹状細胞（ｍＤＣ）。これは細菌を食べて、さらに免疫機能を活性化することによって感染を予防します。そしてもう一つが、プラズマサイトイド樹状細胞（ｐＤＣ）です。こちらは、インターフェロンという物質を放出して、ウイルスの増殖を抑えます。また、免疫の中心であるリンパ球を活性化し、さらにリンパ球の一種のＮＫ細胞（ナチュラルキラー細胞）を活性化します。ＮＫ細胞は全身をパトロールしていて、ウイルス感染細胞やがん細胞などを見つけて攻撃する細胞です。

●iMUSE（イミューズ）レモン（キリンビバレッジ）

★機能性表示食品

［**届出表示**］本品には、プラズマ乳酸菌（L.lactis strain Plasma）が含まれます。プラズマ乳酸菌はpDC（プラズマサイトイド樹状細胞）に働きかけ、健康な人の免疫機能の維持に役立つことが報告されています

［**1日あたりの摂取目安量**］1本（500ml）、1日1回を目安にお飲みください

［**原材料名**］果糖ぶどう糖液糖（国内製造）、レモン果汁、乳酸菌末、レモンエキス／酸味料、香料、甘味料（❗スクラロース、❗アセスルファムK）

［**栄養成分表示**］（1本500mlあたり）エネルギー 92kcal、たんぱく質 0g、脂質 0g、炭水化物 23g、食塩相当量 0.3g
機能性関与成分：プラズマ乳酸菌（L.lactis strain Plasma）1000億個

このプラズマサイトイド樹状細胞にちなんで名づけられたのが、「プラズマ乳酸菌」という乳酸菌の一種です。キリンビバレッジによると、この「プラズマ乳酸菌」がpDCを活性化することによって、体の免疫細胞全般を活性化するとのことです。それならば、「免疫機能をアップ」と表示すればよいと思うのですが、あくまで「維持」です。

そもそもこの製品には、合成甘味料のアセスルファムKとスクラロースが添加されています。アセスルファムKは、イヌを使った実験でリンパ球を減らすことが確認されています。これではかえって免疫力が低下してしまいます。スクラロースも、動物実験によって、リンパ球を減らすことが示唆されています。なお、「イミューズ　ヨーグルトテイスト」には合成甘味料は添加されていませんが、やはり表示は「免疫機能の維持をサポート」です。

✕

睡眠サポートドリンク

「深い睡眠時間」はほとんど増えない

「よく眠れない」「朝起きた時、体がだるい」という人が増えているようです。そんな人をターゲットにしたのが「ネルノダ」です。実にストレートなネーミングです。ボトルには「睡眠の質の向上をサポート」と大きく表示され、「眠りの深さ」「スッキリした目覚め」とも表示されています。機能性表示食品の一つです。

こうした機能を実現するのは、原材料中のGABA（ギャバ）だといいます。GABAは、甲殻類の神経部分や哺乳類の小脳や脊髄《せきずい》、大脳に多く含まれているアミノ酸の一種です。トマトなどの野菜、米、チャ、大豆などにも含まれています。

ボトルに表示されている機能の最大の根拠として、ハウスウェルネスフーズがホームページで公開しているのは、次のような実験データです。睡眠に悩みがある健常な男女10名（平均37・7歳）を2つに分け、GABA100mgが入っている粒と入っていない粒をそれぞれ内容を知らせず7日間摂取《せっしゅ》してもらい、測定を行いました。さらに、7日間のインターバルを設けた後、摂取する粒を入れ替えて、再度測定を行いました。

その結果、GABAを摂取した人たちでは、「深い睡眠時間」が2・2％増加したといいます。これは脳波を測定することで得られたものです。しかし、「深い睡眠時間」が増加したといっても、わずか2・2%にすぎません。**「睡眠に悩みがある」男女ということなので、仮に睡眠時間が4時間（240分）と短いとすると、そのうちの5分17秒ということになります。**これで深い睡眠を得ることができたといえるのか、はなはだ疑問です。

もう一つ疑問なのは、GABAを摂取しなかった人では、「深い睡眠時間」が3・3%減少している点です。本来なら増減はないはずですが、どうしてこんな結果になったのか謎です。

この製品には、合成甘味料のアセスルファムKとアスパルテームが添加されています。アスパルテームは発がん性の疑いが持たれています。健康増進のための製品に、どうしてこうも安易に危険性のある合成甘味料を使うのか、実に不可思議です。

●ネルノダ（ハウスウェルネスフーズ）

★機能性表示食品

［届出表示］本品にはGABAが含まれます。GABAは睡眠の質（眠りの深さ、すっきりとした目覚め）の向上に役立つ機能や、仕事や勉強などによる一時的な疲労感や精神的ストレスを緩和する機能があることが報告されています。

［1日摂取目安量］1本（100ml）

［原材料名］糖類（果糖ぶどう糖液糖（国内製造）、果糖）、デキストリン、GABA、ヒハツエキスパウダー、ショウガエキスパウダー/酸味料、酸化防止剤（V.C、カテキン）、香料、クチナシ色素、甘味料（❗アセスルファムK、❗アスパルテーム・L-フェニルアラニン化合物）、増粘剤（キサンタンガム）、$V.B_6$、$V.B_2$、乳化剤、$V.B_{12}$

［栄養成分表示］（1本100mlあたり）エネルギー 15kcal、たんぱく質 0g、脂質 0g、炭水化物 3.7g、食塩相当量 0.024g
機能性関与成分：GABA 100mg

栄養ドリンク

毒性の強い合成保存料入り

疲れた時や元気を出したい時に、栄養ドリンクをグビッと飲んで「さあ、頑張ろう」という人もいるでしょう。誰もが知っている「リポビタンD」のほか、「チオビタドリンク」（大鵬薬品工業）や「チョコラBBドリンクビット」（エーザイ）などがドリンク専用の冷却棚にずらっと並んでいます。しかし、ほとんどがおすすめできません。なぜなら、合成保存料の安息香酸Na（ナトリウム）が添加されているからです。栄養成分が腐敗するのを防ぐためです。

栄養ドリンクの多くは、「指定医薬部外品」です。もともとは医薬品に分類されていた一部のものが、規制緩和によって指定医薬部外品に移行し、コンビニやスーパーなどでも販売できるようになったのです。中には「チョコラBBドリンクビット」（エーザイ）のように、第3類医薬品のものもあります。いずれにせよ、安息香酸Naが添加されています。

安息香酸Naは毒性が強く、2％および5％を含むえさをラットにあたえて4週間飼育した実験では、5％投与群ですべてが過敏状態、尿失禁、けいれんなどを起こして死んでしまいました。栄養ドリンクの場合、添加されている安息香酸Naの濃度はもっと低いですが、こうしたものを摂取すること自体、体に悪影響が出ないのか心配されます。

また安息香酸Naは、ビタミンCなどと化学反応を起こして、人間に白血病を引き起こすこと

が判明しているベンゼンという物質に変化します。実際に2006年3月、イギリスで清涼飲料水に添加されていた類似物質の安息香酸とビタミンCが反応してベンゼンができていたため、製品が自主回収されるという事件がありました。したがって、こうしたリスクを避けるためにも安息香酸Na入りの栄養ドリンクは飲まないほうがよいのです。

「では、何を飲めばいいの？」という人もいると思いますが、「オロナミンC」（大塚製薬）などの炭酸が入っている栄養ドリンクの場合、安息香酸Naは添加されていません。炭酸に防腐効果があるため、添加しなくても腐らないからです。栄養ドリンクを飲んで元気を出したい時には、こうした製品を選ぶとよいでしょう。

◉リポビタンD（大正製薬）

★指定医薬部外品

［効能］疲労の回復・予防／体力、身体抵抗力又は集中力の維持・改善など

［用法・用量］成人（15才以上）1日1回1本（100mL）を服用してください。15才未満は服用しないでください。

［成分］（100mL中）　タウリン 1000mg、イノシトール 50mg、ニコチン酸アミド 20mg、チアミン硝化物（ビタミンB_1）5mg、リボフラビンリン酸エステルナトリウム（ビタミンB_2）5mg、ピリドキシン塩酸塩（ビタミンB_6）5mg、!無水カフェイン 50mg

［添加物］白糖、D-ソルビトール、クエン酸、!安息香酸Na、香料、グリセリン、バニリン

エナジードリンク

「元気が出る」は、カフェインの覚醒作用!?

ドラッグストアでは、栄養ドリンクと並んでエナジードリンクが売られています。写真の製品や「レッドブル」（レッドブル・ジャパン）など。「パワーアップしたい時に飲んでいる」という人もいるでしょう。しかし、本当に元気が出るのか怪しいものです。元気の素とされているのは、アミノ酸の一種のL－アルギニンやL－カルニチンなどですが、実際に体のパワーアップを図《はか》れるのか疑問です。

「モンスターエナジー」には様々な製品がありますが、栄養ドリンクと同様に合成保存料の安息香酸Naや安息香酸が添加されています。安息香酸Naは毒性が強く、ビタミンCと化学反応を起こして、人間に白血病を引き起こすことが明らかになっているベンゼンに変化します。安息香酸も、同様にベンゼンに変化します。

さらに合成甘味料のスクラロースも添加されています。スクラロースは、悪名高い「有機塩素化合物」の一種で、5％を含むえさをラットに食べさせた実験では、胸腺や脾臓のリンパ組織の萎縮が認められました。

一方、「レッドブル」には合成保存料や合成甘味料は使われていませんが、天然着色料のカラメル色素が使われています。**カラメル色素は、カラメルⅠ～Ⅳの4種類あり、カラメルⅢと**

カラメルⅣには、４-メチルイミダゾールという発がん性のある物質が含まれています。しかし、「着色料（カラメル）」、あるいは「カラメル色素」としか表示されないため、ⅠからⅣのどれが使われているのか分かりません。

エナジードリンクには、カフェインが大量に添加されています。カフェインは、コーヒーや緑茶などにも含まれていますが、大脳に作用して感覚や精神機能を敏感にし、眠気を覚ます作用があります。それで、おそらく元気になったような気分になるのでしょう。ただし、一度に何本も飲んで、カフェインを大量に摂取すると中毒を起こすことがあるので、その点も気を付けたほうがよいでしょう。

●モンスターエナジー（モンスターエナジージャパン合同会社）

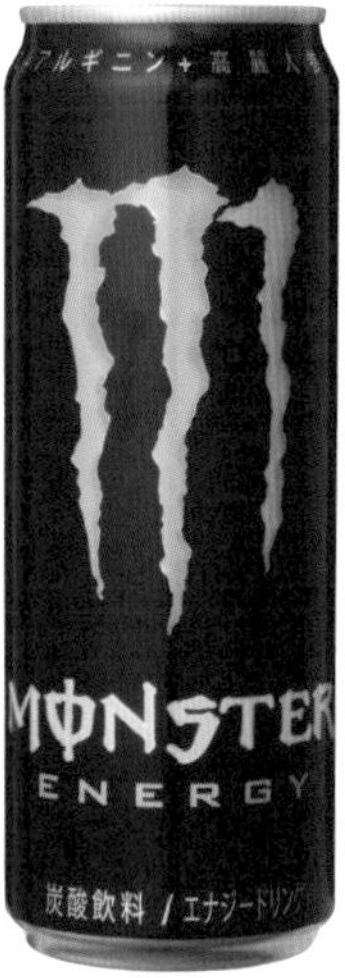

［**原材料名**］砂糖類（砂糖（国内製造）、ぶどう糖）、高麗人参根エキス、L-カルニチンL-酒石酸塩、塩化Na、ガラナ種子エキス／クエン酸、炭酸、香料、クエン酸Na、甘味料（D-リボース、❗スクラロース）、L-アルギニン、保存料（❗安息香酸）、❗カフェイン、ナイアシン、着色料（アントシアニン）、イノシトール、ビタミンB_6、ビタミンB_2、ビタミンB_{12}

［**栄養成分表示**］（100mlあたり）エネルギー50kcal、たんぱく質 0g、脂質 0g、炭水化物 13g、食塩相当量 0.2g
L-アルギニン 125mg、D-リボース 125mg、高麗人参 82mg、L-カルニチン 29mg、カフェイン 40mg

二日酔い防止ドリンク

本当に二日酔いが防げるのか？

ドリンク専用の冷却棚には「ウコンの力」や「ヘパリーゼ」など、いわゆる二日酔い防止ドリンクが並んでいます。「飲む前に飲んでおこう」という人もいるでしょう。

沖縄では、古くからウコンは肝臓を強化する働きがあるとされ、お茶や料理に入れるなど、民間薬草として利用されてきました。そんなこともあって、ウコンは「肝臓にいい」と言われるようになったようです。

「ウコンの力」のボトルには、「1本当たりクルクミン30mg（秋ウコン色素成分）とビサクロン４００μgを含有しています。※『ビサクロン』とは、秋ウコン由来の健康成分です」と表示されています。二日酔いを防止するとは書かれていませんが、ウコン成分のクルクミン含有を強調することで、肝臓の機能を高めて二日酔いを防止することを暗示しているのです。

しかし、国立研究開発法人の医療基盤・健康・栄養研究所のデータベース「『健康食品』の安全性・有効性情報」には、クルクミンについて、「**俗に、『抗酸化作用がある』『肝臓によい』『発がん性を抑制する』などといわれているが、ヒトでの有効性・安全性については信頼できるデータが見当たらない**」と書かれていました（なお、1年くらい前は閲覧できましたが、現在このデータベースは公開されていません）。それどころか、この製品には、イヌを使った実験で肝臓にダメージを与えることが示唆されている、合成甘味料のアセスルファムKが使われています。さらに発がん性が疑われている合成甘味料のアスパルテームも使われているのです。

一方、「ヘパリーゼドリンクⅡ」（ゼリア新薬工業）は第3類医薬品で、合成保存料の安息香酸Naが添加されています。肝臓の絵がビンに大きく表示されているので、「肝臓によい」と思っている人が多いようですが、この絵は、成分である「肝臓水解物」が肝臓から得られていることを表しているのです。効能・効果は、「滋養強壮、胃腸障害・栄養障害・病中病後・肉体疲労・発熱性消耗性疾患・妊娠授乳期などの場合の栄養補給、虚弱体質」で、これは一般の栄養ドリンクとほぼ同じ内容です。つまり、二日酔いの防止効果は明示されていないのです。

●ウコンの力（ハウスウェルネスフーズ）

[原材料名]果糖ぶどう糖液糖(国内製造)、秋ウコンエキス、食塩/酸味料、環状オリゴ糖、増粘多糖類、ウコン色素、香料、甘味料(❗アセスルファムK、❗アスパルテーム・L-フェニルアラニン化合物、ソーマチン)、イノシトール、ナイアシン、V.B_6、V.B_1、V.B_2、乳化剤

[栄養成分表示](1本100mlあたり)エネルギー 20kcal、たんぱく質 0g、脂質 0g、炭水化物 5.0g、食塩相当量 0.09g
クルクミン 30mg、ビサクロン 400μg

✕

経口補水液

本来は熱中症対策のものではない

タレント・所ジョージのテレビCMで知られる「経口補水液OS-1（オーエスワン）」。熱中症予防に効果的とされています。千葉県内の某ドラッグストアでこの製品を購入したところ、税込みで1本（500mℓ）216円でした。ミネラルウォーターの約2倍の価格です。

この製品は、消費者庁が許可した「病者用食品」であり、ボトルには「医師から脱水症の食事療法として指示された場合にお飲みください」と表示されています。その脱水症は、感染性腸炎や感冒による下痢・嘔吐などによって起こるものを想定しています。**つまり、一般の人が熱中症を予防するために飲むような製品ではないのです。**

この製品には、100mℓあたり食塩相当量で0・292gのナトリウム、さらにカリウム、マグネシウム、リンなどのミネラルが水に溶けてイオン化しています。そのため、吸収されやすく、脱水状態を改善できるのです。ところが、いつの間にか感染性腸炎などによる「脱水状態」が熱中症にすり替えられ、熱中症予防のために有効ということになってしまったのです。

さらに合成甘味料のスクラロースが添加されているという問題もあります。糖類を減らして、カロリーを少なくしようという狙いからでしょうが、スクラロースは有機塩素化合物の一種であり、動物実験では免疫力を低下させることが示唆されています。

脱水症は下痢や嘔吐などで、体内の水分が不足している状態です。一方、熱中症は、高温の場所に長時間いることで体温が上がり、体内の水分や塩分が少なくなって、体内の調節機能が異常になって起こるものです。その症状は、めまいやたちくらみ、筋肉痛や筋肉のけいれん、吐き気、倦怠《けんたい》感、意識障害などと多岐にわたります。脱水症＝熱中症ではないのです。

熱中症を防ぐためには、まず高温の所に長時間いないようにすることです。さらに、水分と塩分を補給することです。つまり、こまめに水を飲んで、食塩を舐めるか、塩分を含む食品を食べるようにすることです。高価な経口補水液を買って飲む必要はないのです。

●経口補水液ＯＳ－１〈オーエスワン〉（大塚製薬）

★消費者庁許可／個別評価型／病者用食品

［許可表示］オーエスワンは、脱水症のための食事療法（経口補水療法）に用いる経口補水液です。軽度から中等度の脱水症における水・電解質の補給、維持に適した病者用食品です。下記の状態等を原因とした脱水症の悪化防止・回復、脱水症の回復後も下記の状態等における水・電解質の補給、維持にご利用ください

●感染性腸炎、感冒による下痢・嘔吐・発熱、●高齢者の経口摂取不足、●過度の発汗。また、脱水を伴う熱中症にもご利用ください

［原材料名］ブドウ糖（国内製造）、果糖、食塩／クエン酸（Na）、塩化K、リン酸Na、塩化Mg、甘味料（❗スクラロース）、香料

［栄養成分表示］（100mlあたり）エネルギー10kcal、たんぱく質 0g、脂質 0g、炭水化物 2.5g、食塩相当量0.292g

カリウム 78mg、マグネシウム 2.4mg、リン 6.2mg、ブドウ糖 1.8g、塩素 177mg

×

アミノドリンク

新種の合成甘味料は、安全性も未知数

各種のアミノ酸を強化したドリンクで、写真の製品や「アミノバリュー」（大塚製薬）などが代表的です。「ヴァーム　スマートフィットウォーター」はトクホ（特定保健用食品）であり、「体脂肪を減らすには……」という許可表示があります。

特定保健用食品とは、「腸内環境を整える」「体脂肪を減らす」「血糖値の上昇を抑える」などの働き（機能）を持つ成分（関与成分）を含んでおり、その摂取《せっしゅ》によって特定の保健の目的が期待できる旨《むね》の表示（許可表示）ができる食品のことです。各食品ごとにその有効性や安全性などの根拠となるデータを消費者庁に提出し、同庁の審査を受けて、許可を得なければなりません。

この製品の場合、アラニン、アルギニン、フェニルアラニンの3種類のアミノ酸を含んでいて、脂肪の代謝を促進して、体脂肪を減らす働きがあることを消費者庁が認め、ボトルにあるような許可表示を認めたということです。

それはいいのですが、余計なものが入っています。合成甘味料のアセスルファムＫ、スクラロース、アドバンテームです。**アドバンテームは、２０１４年に使用が認可された新しい添加物で、甘味が砂糖のなんと１４０００～４８０００倍もあるとされています。**動物実験では明

確な毒性は認められていませんが、新たな未知な化学合成物質なので、不安な面があります。

一方、「アミノバリュー」は、機能性表示食品です。これは特定保健用食品に似ていますが、有効性や安全性について消費者庁の審査を受けたものではありません。販売会社が、自らの責任でそれらを保証するもので、有効性や安全性に関するデータを消費者庁に届け出るというものです。この製品の「届出表示」は、「本品にはＢＣＡＡ（バリン、ロイシン、イソロイシンの総称）が含まれます。ＢＣＡＡは運動まえや運動中に飲むことにより、運動によるカラダの疲労感をやわらげることが報告されています」です。しかし、この製品にも合成甘味料のスクラロースが添加されています。

◉ヴァーム　スマートフィットウォーター（明治）

★特定保健用食品

［**許可表示**］体脂肪を減らすには、適度な運動が効果的です。本品に含まれる3種のアミノ酸から構成されるアラニン・アルギニン・フェニルアラニン混合物は、10分程度の歩行などの身体活動との併用による脂肪の分解と消費する力をより高める働きがあるので、脂肪の代謝を上げ、体脂肪をさらに減らすことを助けます。本品はBMIが高めの方に適しています。

［**1日当たりの摂取目安量**］身体活動前や身体活動中に1本(500ml)を目安にお飲みください

［**原材料名**］食塩(国内製造)/トレハロース、酸味料、フェニルアラニン、アラニン、アルギニン、香料、乳酸Ca、甘味料(❗アセスルファムK、❗スクラロース、❗アドバンテーム)、塩化K、塩化Mg

［**栄養成分表示**］(1本500ml あたり)エネルギー 0kcal、たんぱく質 1.5g、脂質 0g、炭水化物 3.6g、食塩相当量 0.5g
関与成分：アラニン 375mg、アルギニン 375mg、フェニルアラニン 750mg

プロテイン

危険な合成甘味料、勢揃い！

コロナ禍の影響で家の中で筋トレをする人が増えて需要を伸ばしたプロテイン食品。しかし、ほとんどの製品に合成甘味料のアセスルファムKやスクラロース、アスパルテームが使われているのです。

写真の「ザバス　アドバンスト ホエイプロテイン100」の場合、主原材料は「乳精たんぱく」です。乳精とは、乳から脂肪分やカゼイン（たんぱく質の一種）などを取り除いた液体のことで、ホエイともいいます。それから得られたものが乳精たんぱくです。原材料名の「／」以降がすべて添加物。ここで目立つのは、V.CやV.B_2などの栄養強化剤（強化剤）が多く添加されていることです。

添加物は保存料や着色料、酸化防止剤などほとんどが製造する側にとって便利なものですが、**栄養強化剤は例外で、食べる側にとってメリットのあるものです。**V.CやV.B_2などのビタミン類、トリプトファンやバリンなどのアミノ酸類、炭酸カルシウムや塩化マグネシウムなどのミネラル類の3種類があります。これらは体を維持するために必要な栄養素で、それらを強化しようというのが栄養強化剤です。もともと食品に含まれているものも多く、安全性の高いものが多くなっています。

◉ザバス　アドバンスト ホエイプロテイン100（明治）

［原材料名］乳精たんぱく（外国製造）、植物油脂／酸味料、乳化剤、甘味料（❗アスパルテーム・L-フェニルアラニン化合物、❗アセスルファムK、❗スクラロース）、香料、V.C、増粘剤（プルラン）、V.B_2、V.B_6、V.B_1、ナイアシン、V.D、（一部に乳成分・大豆を含む）

［アレルギー物質］乳成分、大豆

［栄養成分表示］（1食分28g当たり）エネルギー 109kcal、たんぱく質 20.0g、脂質 1.7g、炭水化物 3.3g、食塩相当量 0.23~0.68g

この製品には、V．C、V．B_2、V．B_6、V．B_1、ナイアシン、V．Dの全部で6種類のビタミンが添加されています。たんぱく質を豊富に含み、さらに各種のビタミンが強化されているわけで、その点はいいのですが、余計なものが添加されています。アスパルテーム、アセスルファムK、スクラロースです。

アスパルテームは発がん性が疑われています。アセスルファムKは自然界に存在しない化学合成物質で、動物実験の結果から、肝臓に対するダメージと免疫力を低下させる心配があります。スクラロースは有機塩素化合物の一種で、ラットを使った実験でリンパ球を減らすことが示唆されています。

ヨードうがい薬
のどにがんができることはないのか!?

もっともポピュラーなうがい薬と言える「イソジンうがい薬」。「使ったことがある」という人も多いでしょう。成分のポピドンヨードは、ポリビニルピロリドンという化学物質にヨウ素＝ヨードを結合させたもので、それから分離した有効成分のヨウ素が、のどに付着している細菌やウイルス、真菌（カビの一種）などを殺菌します。ちなみに、エイズウイルスやB型肝炎ウイルスにも有効だといいます。

しかし、添加物のサッカリンNa（ナトリウム）が問題なのです。**サッカリンNaは１９４８年に食品添加物（甘味料）として認可されていますが、70年代になってアメリカから発がん性があるとの情報がもたらされ、すぐに使用が禁止されました。**その後、実験に使われていたサッカリンNaには不純物が含まれており、それががんを発生させたという説が有力になり、同じ年の12月に使用禁止が解除され、再び使えるようになったのです。

ところが、１９８０年に発表されたカナダの実験では、サッカリンNaを５％含むえさをラットに二世代にわたって食べさせたところ、二代目のオス45匹中8匹に膀胱がんの発生が確認されました。一方で、アカゲザルやカニクイザル、アフリカミドリザルなどにサッカリンNaを長期間投与した実験では、がんの発生は認められませんでした（ただしこの実験は、動物数が少ないことや投与量が少ないことが指摘されています）。そのため、サッカリンNaの使用は今でも禁止されていないのです。

　しかし、**サッカリンNaは、人間に白血病を起こすことが判明しているベンゼンという化学物質に、毒性物質の二酸化硫黄（SO_2）、さらに窒素（N）、酸素（O）、ナトリウム（Na）を結合させたものです。**この化学構造を見る限り、のどの粘膜の正常細胞に作用し、その遺伝子を変異させてがん化させる可能性を否定できないのです。**実際、染色体異常試験では、切断や構造異常をひき起こしています。**なお［明治うがい薬］（明治）にもサッカリンNaが含まれます。

　一方で、大洋製薬の［コサジン・ガーグルうがい薬］の成分は同じくポピドンヨードですが、添加物は「ヨウ化K、l－メントール、ユーカリ油、エタノール、プロピレングリコール、グリセリン」であり、サッカリンNaは含まれていません。これらの添加物はいずれもそれほど問題はないものです。

●イソジンうがい薬（シオノギヘルスケア）★第3類医薬品

［効能・効果］口腔内およびのどの殺菌・消毒・洗浄、口臭の除去

［用法・用量］1回、本剤2～4mLを水約60mLにうすめて、1日数回うがいしてください

［成分・分量］（1mL中）ポピドンヨード70mg（有効ヨウ素として7mg）、添加物としてエタノール、l-メントール、❗サッカリンナトリウム、香料を含有しています

✕ 非ヨードうがい薬

サッカリンNa入りは避けよう

ヨードうがい薬は独特の茶色い色をしていますが、ドラッグストアには透明なうがい薬も売られています。それらはどうなのでしょうか？

写真の「のどスッキリうがい薬」の成分は、セチルピリジニウム塩化物（塩化セチルピリジニウム）水和物とグリチルリチン酸二カリウムです。**セチルピリジニウム塩化物は、陽イオン界面活性剤（逆性石けん）の一種で、強い殺菌力と抗カビ作用があります。**そのためウェットティッシュ、のど飴、トローチなどにも使われています。ちなみにセチルピリジニウム塩化物に水分子が結合したものが、「セチルピリジニウム塩化物水和物」で、実質的にはどちらも変わりません。

セチルピリジニウム塩化物は、軽い皮膚刺激性があります。また人間に大量投与すると、悪《お》心《しん》（気分が悪くなること）、嘔吐、虚脱、けいれん及び昏睡が見られました。したがって、用法・用量を守る必要があります。

一方、グリチルリチン酸二カリウムは、漢方薬の甘草《かんぞう》に含まれるグリチルリチン酸にカリウム（K）を結合させたものです。抗炎症作用があるため、のどの腫れや痛みを鎮める目的で、風邪薬、鼻炎薬、胃腸薬、点眼薬などに幅広く使われています。皮膚刺激性、眼刺激性、アレルギー性はほとんどありません。

以上の二成分が含まれることから、のどの殺菌や炎症を抑えることは期待できるのですが、この製品には添加物として、やはりサッカリンNaが使われています。したがって、NGです。

ほかに非ヨードうがい薬としては、「イソジンクリアうがい薬」（シオノギヘルスケア）や「新コルゲンコーワうがいぐすり「ワンプッシュ」」（興和）などがあります。どちらも成分は、塩化セチルピリジニウム水和物とグリチルリチン酸二カリウムです。ただし、サッカリンNaは含まれていません。そのため、「のどスッキリうがい薬」よりは危険性が低いといえます。

●のどスッキリうがい薬（健栄製薬）

★指定医薬部外品

［効能・効果］口腔内及びのどの殺菌・消毒・洗浄、口臭の除去

［用法・用量］1回約1mLを約50mLの水にうすめてうがいしてください。1日数回うがいしてください

［成分・分量］（100mL中）❗セチルピリジニウム塩化物水和物 0.25g、グリチルリチン酸二カリウム 0.25g含有

［添加物］l-メントール、ハッカ油、ユーカリ油、ウイキョウ油、❗サッカリンナトリウム水和物、ポリオキシエチレン硬化ヒマシ油60、エタノール、香料

ドロップ・トローチ

発がん疑惑の着色料を安易に使用

のど飴（第2章で紹介）が単なる食品であることが多いのに対して、のど用のドロップやトローチは、指定医薬部外品のものが多くなっています。写真の製品もそうですし、「コルゲンコーワトローチ」（興和）もそうです。どちらも代表的なのど用のドロップとトローチです。

「ヴイックスメディケイテッドドロップ　レモン」の成分は、非ヨードうがい薬にも使われているセチルピリジニウム塩化物水和物です。うがい薬もドロップも、セチルピリジニウム塩化物によって、のどの粘膜に付着している細菌やカビなどを殺して、除去しようというわけです。

しかし、この製品には着色するために、タール色素の黄色5号と緑色3号が、添加物として使われています。

黄色5号は、アメリカで「発がん性の疑いがある」という理由で、食品への添加が禁止された赤色2号と化学構造が似ているので、できるだけ摂取《せっしゅ》は避けたい物質です。また、黄色5号は蕁麻疹を起こすことが知られていて、皮膚科医の間では警戒されている添加物です。

緑色3号は、ラットに注射した実験で、注射部位にがんの発生が認められています。注射による実験ですが、発がん性の疑いがあると言わざるをえません。したがって、がんを予防するという観点からすれば、どちらも避けるべき添加物です。

一方、「コルゲンコーワトローチ」の成分も、同じくセチルピリジニウム塩化物水和物などで、加えてグリチルリチン酸二カリウム（非ヨードうがい薬の項参照）も配合されています。しかし、添加物の一つとして、黄色5号が使われています。

どうして体の不調を改善する目的で売られている指定医薬部外品に、こうした危険性の高い着色料を安易に使うのか、疑問でなりません。きれいな色に見せて買ってもらおうということなのでしょうが、利用する人のことを第一に考えたら、危険性のある添加物は安易に使えないはずです。

●ヴィックス メディケイテッド ドロップ　レモン（大正製薬）

★指定医薬部外品

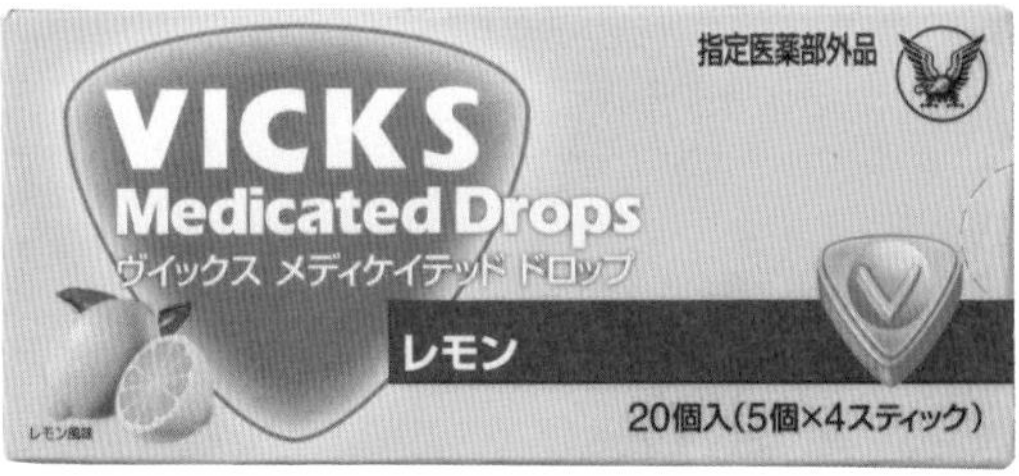

［**効能**］のどの炎症による声がれ、のどのあれ、のどの不快感、のどの痛み、のどのはれ、口腔内の殺菌・消毒、口臭の除去

［**用法・用量**］1回量　15才以上3個、5才～14才2個、5才未満使用しないこと
使用回数1日4～6回

［**成分**］（18個中）❗セチルピリジニウム塩化物水和物 8.28mg

［**添加物**］クエン酸、香料、ビタミンC、l-メントール、❗黄色5号、❗緑色3号、pH調整剤、シリコーン樹脂乳化液、ブドウ糖液、白糖、タルク

歯磨き剤

危険なサッカリンNa入りがほとんど

「歯磨き剤を使って、毎日歯を磨いている」という人はとても多いでしょう。しかし、**歯磨き剤のほとんどにサッカリンNaが配合されているのです**。写真の製品もそうです。サッカリンNaは口内や舌、のどなどの粘膜の細胞に作用して、がん化させる可能性があります。したがって、サッカリンNa入り歯磨き剤は、×です。

このほか発泡剤のラウリル硫酸Naは合成界面活性剤の一つで、たんぱく質変性作用があるので、口内が荒れる心配があります。また保存剤の塩化ベンザルコニウムは、強い殺菌力がある一方で、刺激性があります。安定剤の酸化Ti（チタン）は発がん性の疑いがあります。

こうした危険性のある化学合成物質がいくつも配合されているため、歯ブラシに付けて歯を磨くと、舌や口内に強い刺激を感じます。「クリアクリーン」（花王）や「オーラツー」（サンスター）なども似たような成分が配合されているので、同様です。

ほとんどの人は、「歯は、歯磨き剤を使って磨くもの」と思っていますが、それは大きな勘違いです。最大の口内トラブルである歯周病は、歯と歯茎の間などに付着する歯垢（プラーク）が原因です。これは食べかすと細菌、細菌の代謝産物の塊です。その細菌が出す毒素が歯肉に作用して、ぶよぶよの状態になったり、出血を起こしたりします。これが歯周病なのです。歯周病が悪化すると、歯を支えている歯槽骨が溶けて、歯が抜けてしまいます。

　この厄介な歯周病を防ぐコツは、歯磨き剤を付けないで時間をかけてブラッシングをし、歯垢をきれいに除去することです。歯磨き剤を使うと刺激を感じるほか、「飲み込んでしまうのでは？」という不安から、ブラッシングがどうしても短時間になってしまいます。そのため歯垢が残り、その積み重ねで歯周病になってしまうのです。

　さらに歯垢は、虫歯や口臭の原因にもなります。ですから、歯周病や虫歯になりたくなかったら、歯磨き剤なしで、時間をかけて丁寧にブラッシングするようにしてください。ただし、人によっては歯が汚れてくることがあるので、その場合はシャボン玉石けんの「石けんハミガキ」（第3章で紹介）など、サッカリンNaやラウリル硫酸Naなどが含まれない製品を使ってブラッシングするようにしてください。

●クリニカ　マイルドミント（ライオン）　★医薬部外品

［**成分**］湿潤剤／ソルビット液、PG、PEG4000、清掃剤／無水ケイ酸A、粘度調整剤／無水ケイ酸、ポリアクリル酸Na、発泡剤／ヤシ油脂肪酸アミドプロピルベタイン液、POE硬化ヒマシ油、❗ラウリル硫酸Na、粘結剤／キサンタンガム、アルギン酸Na、香味剤／香料（マイルドミントタイプ）、❗サッカリンNa、安定剤／❗酸化Ti、清涼剤／メントール、洗浄剤／テトラデセンスルホン酸Na、薬用成分／フッ化ナトリウム（フッ素）、コーティング剤／ヒドロキシエチルセルロースジメチルジアリルアンモニウムクロリド、保存剤／❗塩化ベンザルコニウム

洗口液（マウスウォッシュ）

必要ないばかりか、害が発生する可能性も

世の中には本来必要ない製品が数多くありますが、洗口液（マウスウォッシュ）もそんな製品の一つです。必要ないばかりでなく、体に害をもたらす可能性もあるのです。

写真の製品には「歯磨きで届かないところまで殺菌／口臭を予防、健康なお口へ」と大きく表示されています。その使用方法は、「日常の歯磨きに加え、適量約20 mL（キャップ8分目）を口に含み、30秒ほどすすいでから吐き出してください。水で口をすすぐ必要はありません。1日2回の使用をおすすめします」というものです。

しかし、口臭の最大の原因は、歯磨き剤の項で解説したように歯垢（プラーク）です。歯垢中の細菌が食べかすを腐敗させ、それが腐敗臭、すなわち口臭になるのです。ですから口臭を防ぐためには、歯磨き剤を使わずに丁寧にブラッシングして、歯垢を取り除くことが肝心なのです。洗口液で口をすすいでも、歯垢を除去することはできないので、口臭の発生を防ぐことはできません。

それどころか、デンタルリンス中の成分が、口内や舌に悪影響をもたらす可能性があります。まずサッカリンNa。ヨードうがい薬の項でも述べたように、発がん性の疑いがあり、口内粘膜や舌の細胞の遺伝子を変異させ、がん化させる心配があります。ちなみに、デンタルリンスは

歯磨き剤と違って水ですすがないので、より多くサッカリンNaが口内に残ることになります。

また安息香酸と安息香酸ナトリウムは毒性が強く、さらに人間に白血病を引き起こすことが判明しているベンゼンに変化することがあります。このほか**着色料の緑3**（**緑色3号**）**はタール色素の一つで、動物実験やその化学構造から発がん性の疑いがあります。**つまり、危険な化学合成物質のオンパレードなのです。

洗口液には、ほかに「モンダミン」（アース製薬）や「ノニオ（NONIO）」（ライオン）などがありますが、同じようなことがいえます。

●リステリン　クールミント（JNTLコンシューマーヘルス）★医薬部外品

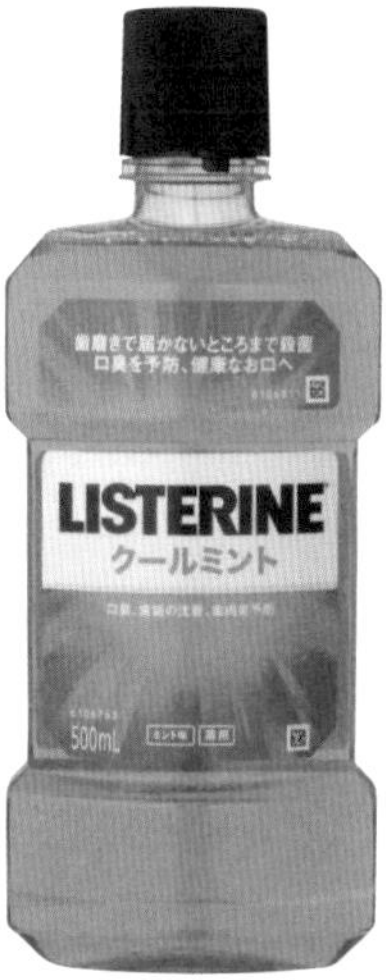

［**成分**］溶剤：エタノール、湿潤剤：ソルビット液、薬用成分：1,8-シネオール、チモール、サリチル酸メチル、l-メントール、溶解補助剤：ポリオキシエチレンポリオキシプロピレングリコール、保存剤：❗安息香酸、矯味剤：❗サッカリンナトリウム、着香剤：香料〈ミントタイプ〉、pH調整剤：❗安息香酸ナトリウム、着色剤：❗緑3

液体歯磨き（デンタルリンス）

安易に発がん疑惑物質が使われている

「似て非なるもの」という言葉がありますが、洗口液と液体歯磨き（デンタルリンス）は、まさにこの言葉にピッタリの製品です。形状や役割は似ていますが、その使い方はまったく違っています。いずれにせよどちらも必要ないばかりでなく、口内に悪影響をもたらします。

液体歯磨きは、口内の細菌を殺す成分を溶液に溶かしたものです。その溶液約10㎖を20秒間ほど口に含み、その後ブラッシングして除菌するのです。写真の「システマEX薬用デンタルリンス」の場合、使用法として「（溶液を）吐き出した後、ブラッシングする」と書かれています。一方、「薬用ガム・デンタルリンス」（サンスター）にはそうしたことは書かれていません。どうやら吐き出さずにそのままブラッシングするということのようです。

液体歯磨きは、口内の細菌を殺して歯周病や口臭を防ぐというものです。一方、「リステリン」などの洗口液の場合、目的は同じですが、口をすすぐだけでブラッシングはしません。そこが液体歯磨きと洗口液の大きな違いです。

歯周病になっている人の割合は多く、厚生労働省によると、歯周ポケット４㎜以上の人は55～64歳で約53％、65～74歳で約58％、歯肉出血は同約40％、約41％となっています（２０１６年歯科疾患実態調査、口腔審査受診者のみ）。そして歯（永久歯）が抜ける最大の要因は歯周病といわれています。歯周病が悪化すると歯を支えている歯槽骨が溶けてしまい、歯が抜けてしまうからです。

歯周病の最大の原因は、歯磨き剤の項でも述べたように歯垢です。ですから歯周病を防ぐためには、歯磨き剤を使わずに時間をかけてブラッシングをして、歯垢を除去することです。つまり、歯磨き剤も、ましてや洗口液も液体歯磨きも必要ないのです。

また、「システマEX薬用デンタルリンス」および「薬用ガム・デンタルリンス」には、発がん性の疑いのある合成甘味料のサッカリンNaが入っています。**各企業は、どうしてこうも安易に発がん疑惑物質を使うのか、不思議でなりません。**

●システマEX薬用デンタルリンス（ライオン）

★医薬部外品

［成分］湿潤剤：ソルビット液、グリセリン、PG/溶剤：エタノール、香味剤：香料（フレッシュクールミントタイプ）、❶サッカリンNa/可溶化剤：POE（60）硬化ヒマシ油、pH調整剤：クエン酸Na、クエン酸、清掃助剤：POEセチルエーテル、薬用成分：ラウロイルサルコシンNa、❶イソプロピルメチルフェノール（IPMP）、イプシロン−アミノカプロン酸（ε-ACA）

口臭防止カプセル

発がんの疑いのあるタール色素が含まれる

「ブレスケア」の発売は１９９７年なので、売り出されてから四半世紀がたっています。売り文句は、「お腹の中から息リフレッシュ！」です。「ニンニク料理・アルコールの後に」と大きく表示されているので、それらを飲んだり食べたりした後に、「ブレスケア」を飲み込むとにおいを消してくれるようです。しかし、危険性の高い添加物がいくつも使われているのです。

「特徴」として、「ブレスケアは水で飲む息清涼カプセルです。水で飲むと清涼成分（メントール・パセリオイル）を配合したカプセルがお腹に直接届き、お腹の中から息リフレッシュします」の表示。そして、独特の緑色を出すために２種類の合成着色料が使われています。

それは、着色料の緑３（緑色３号）と黄４（黄色４号）です。これらはタール色素と言われています。当初コールタールから作られたため、この名が付きましたが、コールタールに発がん性のあることが分かったため、現在は石油製品から作られています。

緑色３号については、それを２％および３％含む液１㎖を、ラットに週に1回、94～99週にわたって注射したところ、注射部位に76％以上という高い割合でがんが発生しました。緑色３号が細胞に作用して、がん細胞を生じさせたと考えられます。

また黄色４号については、それを２％含むえさをラットに食べさせた実験で、下痢を起こしました。**黄色4号は、蕁《じん》麻《ま》疹《しん》などのアレルギーを起こす物質としても知られています。**このほか合成甘味料のネオテームについては、動物実験の結果から発がん性の疑いがあります。

一方で、「噛むブレスケア」（小林製薬）という製品も発売されていて、これにはタール色素やネオテームなど危険性の高い添加物は使われていません。しかし、数種類の添加物が使われています。そもそもこうした製品を使わなくても、水道水で口をすすぐなどすることで、ある程度口臭は防げるので、あえて買う必要はないでしょう。

●ブレスケア　ストロングミント味（小林製薬）

［**原材料名**］植物油脂（国内製造）、ゼラチン、パセリ油／香料、グリセリン、アスパラギン酸Na、着色料（❗緑3、❗黄色4）、甘味料（❗ネオテーム）

［**栄養成分表示**］（50粒あたり）エネルギー 45kcal、たんぱく質 1.9g、脂質 3.2g、炭水化物 2.1g、食塩相当量 0.0033～0.13g

✕

マウスプレー

どうしてこうもサッカリンNaを使うのか

写真の製品には、「シュッとすばやく、クリアな息へ」と表示されています。また「有効成分l－メントールの働きで、ニオイをつくりだす原因菌を殺菌し、口臭を予防します」ともあります。しかし、マウススプレーは、サッカリンNaなど危険な成分を含むものが多いのです。サッカリンNaについては、ヨードうがい薬の項で述べたように、食品添加物としての使用が認められていましたが、１９７３年にアメリカからサッカリンNaに発がん性があるという情報が入ってきました。５％含むえさをラットに2年間食べさせた実験で、子宮や膀胱《ぼうこう》にがんが発生したのです。そこで、日本の厚生省（当時）は、いったん使用を禁止しました。

ところが、その実験に使われたサッカリンNaには不純物が含まれていて、それががんを発生させたという説が有力になりました。そのため、同省は使用禁止を解除して、再び使えるようになったのです。

その後、１９８０年にカナダで発表された実験では、サッカリンNaを５％含むえさをラットに2世代にわたって食べさせたところ、2代目のオス45匹中8匹に膀胱がんが見られました。一方で、サルにサッカリンNaを長期に投与した実験では、発がん性は認められませんでした。そのため使用が禁止されずに今も使われているのです。

しかし、**これまでの動物実験やその化学構造を見る限り、限りなく「黒」に近いと言えます。**

したがって、サッカリンNaは避けたほうがよいのです。

そもそもマウススプレーをわざわざ使わなくても、水道水で口をすすげば、水に含まれる塩素によって口内が殺菌され、口臭をある程度防ぐことができます。

ほかに「トゥービー・フレッシュ」（ネイチャーラボ）という、似たような製品が出ていますが、殺菌成分の塩化セチルピリジニウムや着色料のカラメルなど、安全性の不確かな成分が含まれています。これも使うのはやめたほうがよいでしょう。

●オーラツーミーマウススプレー クールミント（サンスター）

★医薬部外品

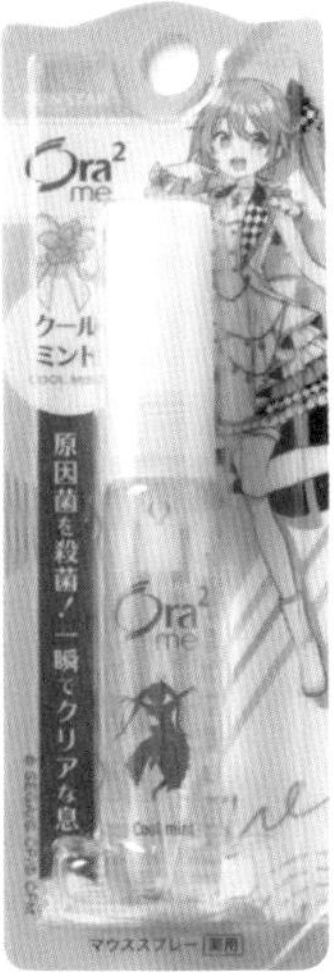

［有効成分］l-メントール

［その他の成分］エタノール、濃グリセリン、POE硬化ヒマシ油、香料、❗サッカリンNa、クエン酸Na、無水クエン酸

リップクリーム

発がん疑惑物質が使われている

冬場は乾燥して唇が荒れます。そこで「リップクリームを塗っている」という人も多いでしょう。代表的な［ニベア　ディープモイスチャー　無香料］（ニベア花王）。その成分を見ると、有効成分の酢酸ＤＬ‐α‐トコフェロールとグリチルレチン酸ステアリルのほか、オリブ油やワセリンなどがずらずらっと並んでいます。ただし、発がん疑惑物質も含まれているのです。それは、ＢＨＴ（ジブチルヒドロキシトルエン）です。油脂などが酸化して変質することを防ぐ目的で配合されています。

雌雄のマウスにＢＨＴを０・０５％と、０・５％含むえさを10か月間食べさせた実験では、０・０５％群で雄マウスの58％に、０・５％群では同28％に肝腫瘍の発生が認められました。このほかＢＨＴを０・３％と、０・６％含むえさをマウスに１０７〜１０８週間食べさせた実験では、雌マウスで細気管支／肺胞上皮腫または細気管支／肺胞上皮がんが０・３％群で46匹中16匹に、０・６％群では50匹中７匹に認められました。

ただし前者の実験では、雌マウスには肝腫瘍の発生は認められませんでした。また後者の実験の場合、ラットに対しても同様な実験が行われましたが、腫瘍やがんの発生は認められませんでした。そのため「ＢＨＴに発がん性がある」という結論には至っていません。

しかし**ＢＨＴは、人間に白血病を起こすことが明らかになっているベンゼンを骨格とした化学合成物質で、ベンゼンと同様に細胞の遺伝子を変異させてがん化させる可能性があります。**さらにこの製品には、タール色素の黄４（黄色４号）と黄５（黄色５号）が配合されています。どちらも発がん性の疑いがあります。またどちらも蕁麻疹を起こすことが知られています。

リップクリームはほかの会社からも各種発売されていますが、たいていＢＨＴが含まれています。成分が唾液とともに口の中に入るので、こうした製品は使わないほうがよいでしょう。

ちなみに「メンソレータム　薬用リップスティック」（ロート製薬）にはＢＨＴや皮膚障害を起こす心配のある表示指定成分（からだ拭きシートの項参照）は含まれません。

◉ニベア ディープモイスチャー　無香料（ニベア花王）　★医薬部外品

［**有効成分**］酢酸DL-α-トコフェロール、グリチルレチン酸ステアリル

［**その他の成分**］オリブ油、ワセリン、リンゴ酸ジイソステアリル、水添ポリブテン、ヘキサオキシステアリン酸ジペンタエリスリチル、パラフィン、ラウロイルグルタミン酸ジ（フィトステリル・オクチルドデシル）、ジリノール酸ジ（フィトステリル／イソステアリル／セチル／ステアリル／ベヘニル）、パラメトキシケイ皮酸オクチル、ジイソステアリン酸ポリグリセル、ポリエチレンワックス、N-ラウロイル-L-グルタミン酸ジ（フィトステリル・ベヘニル・2-オクチルドデシル）、マイクロクリスタリンワックス、流動パラフィン、グリセリン、キャンデリラロウ、トレハロース、ハチミツ、ローヤルゼリーエキス、高融点マイクロクリスタリンワックス、ジメチコン、t-ブチルメトキシジベンゾイルメタン、❗BHT、水、天然ビタミンE、エタノール、❗黄4、❗黄5

汗臭防止パウダー

やたらと汗腺を塞いではいけない

写真の製品は、汗腺を塞いで汗の発生を防ごうというものです。脇の下や首筋、背中などにスプレーすると、有効成分のクロルヒドロキシアルミニウムなどが汗腺の穴に入り込んで、ちょうどふたをするような状態になります。そのため、汗が外に出ることができなくなり、汗をかかなくなるのです。しかし、これは体温調節や老廃物の排泄を妨げることになります。

汗をかくというのは、体にとって必要な現象なのです。汗には主に二つの重要な役割があります。一つは、体温調節です。気温が高くなると、それに伴って体温も高くなる傾向にあります。そこで、汗をかくことで熱を体の外に排出し、体温が上がりすぎることを防いでいるのです。もう一つは、老廃物の排出です。汗の中には体内で不要となったアンモニアなどの老廃物が含まれています。汗をかくことによって、それらを体の外に排出しているのです。

ところが、汗腺を化学物質によって塞いでしまうと、当然ながら汗が出にくくなります。その結果、体温調整がうまくいかなくなったり、老廃物の排出が不十分になったりしてしまうのです。そして、この状態が長時間続くと、体温が高くなりすぎて、熱中症のような状態になる心配があります。また、**アンモニアは有害物質なので、それが排出されずに体内に蓄積すると、体の不調の原因となります。**ちなみに、この製品には表示指定成分（P58参照）の一つで、発がん性の疑いのあるＢＨＴが含まれていて、その点も問題です。

一方、もう一つの代表的な製品である「エージー（Ag）デオ24パウダースプレー」（資生堂）の場合、有効成分の「焼ミョウバン」によって汗腺を収縮させることで汗が出るのを防ごうとしています。さらに殺菌成分のイソプロメチルフェノールによって細菌を殺し、汗臭の発生を防ぐという狙いもあります。しかし、イソプロピルメチルフェノールは、接触皮膚炎（Ｐ61参照）を起こすことが知られているので、その点でも使うべきではないでしょう。

●エイト・フォーパウダースプレー無香料（ニベア花王）

★医薬部外品

［**有効成分**］❗クロルヒドロキシアルミニウム、酸化亜鉛混合物V、緑茶乾留エキス、β-グリチルレチン酸

［**その他の成分**］LPG、イソペンタン、ミリスチン酸イソプロピル、ジメチコン、シリコン被覆タルク、イソステアリルアルコール、タルク、セリサイト、POE・ジメチコン共重合体、無水エタノール、ヒドロキシアパタイト、セルロース末、❗BHT

ワキ臭防止製品

接触皮膚炎を起こす心配あり

体の中でも、とくに脇に汗ジミができたり、臭ったりするのはなぜでしょうか？　脇の下には、全身にあるエクリン腺に加えて、アポクリン腺という汗腺が分布しています。そのため、汗をかきやすく、汗ジミもできやすいのです。また、汗の中にはアンモニアや乳酸などの老廃物質が含まれていますが、これらを皮膚に棲息する細菌（皮膚常在菌）が分解することによって、においが発生するのです。

写真の製品は、そんな脇の下の汗やにおいを抑えるというものです。**脇の下に塗ると、有効成分の「焼ミョウバン」が汗腺や皮脂腺の開口部を収縮させます。**そのため、汗腺から汗が外に出にくく、汗をかかなくなるというわけです。

さらに、もう一つの有効成分のイソプロピルメチルフェノールが、汗のにおいを発生させる細菌の増殖を抑えます。それによっても、汗のにおいが抑えられるというわけです。

しかし、前項でも述べたように汗をかくというのは、体にとって必要な現象であり、それを無理にブロックすると、その副作用が出る可能性があります。また殺菌成分のイソプロピルメチルフェノールによって、接触皮膚炎を起こす心配があります。

同様な製品として、「バン　汗ブロックプラチナロールオン」（ライオン）や「ビオレZロールオン」（花王）などがあります。前者の有効成分は、「エイト・フォーパウダースプレー無香料」（ニベア花王）にも使われているクロルヒドロキシアルミニウム、それとイソプロピルメチルフェノールです。後者の有効成分は、イソプロピルメチルフェノールです。

脇の下の汗がどうしても気になるという人は、ハンカチや小さめのタオルを水道水で湿らせて、時々脇の下を拭くようにすればよいでしょう。水で冷やすことで汗を抑えることができますし、また水道水には残留塩素が微量含まれているので、細菌の増殖を抑えてもくれます。

●デオナチュレ　ソフトストーンW（シービック）

★医薬部外品

[**有効成分**]❗焼ミョウバン、❗イソプロピルメチルフェノール

[**その他の成分**]シクロペンタシロキサン、ステアリルアルコール、POPブチルエーテル-1、セスキイソステアリン酸ソルビタン、水添ヒマシ油、メントール、低温焼成酸化Zn、天然ビタミンE、トリ（カプリル・カプリン酸）グリセリル、茶エキス-1

からだ拭きシート

濡れタオルを使ったほうが、安全で経済的

一見便利そうに見えるが、実際にはそれほど必要ないという製品がたくさんあります。からだ拭きシートもそんな製品です。必要ないだけでなく、肌に悪影響をおよぼす可能性があるので、見すごせません。

写真の製品には、「入浴できないときのからだふきに」「おむつ替えのときに」「介護時のお手入れに」と表示されています。つまり、高齢者やお子さんの体やおしりを拭くのに便利ということでしょう。しかし、表示指定成分がいくつも含まれているのです。

表示指定成分とは、皮膚炎、アレルギー、がんなどを起こす可能性があるとして、旧厚生省（現・厚生労働省）がリストアップした化学物質で、全部で１００種類以上あります。それらが化粧品や医薬部外品に含まれていた場合、表示が義務付けられています。厚生労働省というのは、どちらかというと業界寄りの役所であり、化粧品や医薬部外品などを製造する企業にとって不利なことはあまり行わないのですが、あえて表示指定成分の制度を作ったというのは、かなり問題のある化学物質が使われていて、被害も発生していたからでしょう。

写真の製品では、「メチルパラベン」「エチルパラベン」「プロピルパラベン」「セチルピリジニウムクロリド（塩化セチルピリジニウム）」が、表示指定成分です。いずれも殺菌力があります。

●ハビナースさっとさわやか　からだふき（ピジョン）

［成分］水、PG、BG、ラベンダー油、チャエキス、❗メチルパラベン、❗エチルパラベン、❗プロピルパラベン、❗セチルピリジニウムクロリド、エチドロン酸、エチドロン酸4Na、PEG-60水添ヒマシ油

［基布素材］レーヨン、ポリエステル

とくにセチルピリジニウムクロリドは強い殺菌力と抗カビ作用があるため、うがい薬やのど用ドロップなどにも使われていますが、**皮膚刺激性や眼刺激性があります。**とくに乳幼児の柔らかい皮膚に使うのは、問題でしょう。

　またこうした殺菌剤で体の皮膚を消毒するのは、基本的によくないのです。人間の皮膚には、表皮ブドウ球菌などの常在菌が棲息していて、皮膚と共生関係にあり、いわば皮膚の「保護膜」の役目を果たしています。つまり、病原菌が感染しようとした時に、それを防いでいるのです。その保護膜をなくしてしまうと、感染が起こりやすくなります。高齢者や赤ちゃんの体は、タオルなどを水で濡らして、それで拭くようにして下さい。そのほうが安全で、経済的です。

ボディシート

肌への影響を心配してまで、使う必要なし

ドラッグストアには、本来必要ない製品が数々置いてありますが、ボディシートもそんな製品でしょう。一見便利そうですが、首筋や腕などの汗はタオルや濡らしたハンカチで拭けばいいのであって、ボディシートをわざわざ買って使う必要はないでしょう。そもそもこうした製品には皮膚に悪影響をおよぼす化学合成物質が含まれているのです。

写真の製品の場合、まず「ポリソルベート60」が問題です。水と油を混じりやすくするために配合されていますが、実は発がん性の疑いがあるのです。**マウスの皮膚にポリソルベート60を週に2回または6回塗るという実験で、40～50％に良性の皮膚腫瘍の発生が認められたのです。**「良性」とはいえ、腫瘍が発生したということは、皮膚の細胞の遺伝子が変異して、異常な細胞ができて、それが増殖したということです。

さらにこの製品には、表示指定成分のメチルパラベンが含まれているので、敏感肌の人は、皮膚炎やアレルギーを起こす心配があります。

ボディシートには、涼感タイプのものもあります。たとえば「ギャツビー薬用ボディペーパー氷冷」（マンダム）。皮膚から気化熱をうばってひんやりさせるものですが、表示指定成分のイソプロピルメチルフェノールが含まれています。これは接触皮膚炎を起こすことが知られ

ている化学合成物質です。

　接触皮膚炎とは、化学物質などが皮膚に作用して、免疫を刺激したり、あるいは皮膚細胞を損傷することによって発生する炎症です。発赤《ほっせき》（赤くなること）や水泡、かゆみや痛みなどが主な症状です。この製品もなくても困らないので、使用はやめたほうがよいでしょう。とくに敏感肌の人は。

●ビオレさらさらパウダーシート（花王）

［**成分**］水、エタノール、（メタクリル酸ラウリル／メタクリル酸Na）クロスポリマー、イソステアリルグリセリル、ジメチコン、ジエチルヘキシル酸ネオペンチルグリコール、DPG、❗ポリソルベート60、PEG-8、（アクリレーツ／アクリル酸アルキル（C10-30））クロスポリマー、ラウレス−6、炭酸Na、❗メチルパラベン、フェノキシエタノール、香料

入浴剤

神経痛やリウマチ、痔にも効くって本当!?

「お風呂にはいつも入浴剤を入れている」という人もいるでしょう。ポピュラーな「バスクリン　森の香り」。そのパッケージには、「効能：疲労回復、冷え症、肩のこり、腰痛、神経痛、リウマチ、痔、荒れ性、あせも、しっしん、にきび、ひび、しもやけ、あかぎれ、うちみ、くじき」と表示されています。ほかの入浴剤にもたいてい同じ表示があります。これを信じて買っている人もいると思いますが、もしこれが本当ならお医者さんはいらないでしょう。なにしろ神経痛やリウマチ、痔まで治ってしまうのですから。

入浴剤は、厚生労働省が定めた「浴用剤製造販売承認基準」に基づいて製造が承認されていますが、この基準が実にいい加減なのです。「バスクリン　森の香り」にも含まれる「乾燥硫酸ナトリウム」、「炭酸水素ナトリウム（重曹）」、さらに「塩化ナトリウム（食塩）」など16種類の成分のうち、いずれかの成分を合計70％以上配合してあれば、前述の効能をうたうことができるのです。極端な話、食塩を70％以上含んでいれば、それらの効能をすべてうたうことができるのです。しかし、お風呂のお湯に塩を入れただけで、肩こりや腰痛のほか、リウマチ、神経痛、痔まで治るなんてことはあり得ないことです。

入浴剤に表示された効能は、実際に確認されたものではありません。単に通常の温泉でいわ

●バスクリン　森の香り（バスクリン）

★医薬部外品

［効能］疲労回復、冷え症、肩のこり、腰痛、神経痛、リウマチ、痔、荒れ性、あせも、しっしん、にきび、ひび、しもやけ、あかぎれ、うちみ、くじき

［有効成分］乾燥硫酸ナトリウム、炭酸水素Na

［その他の成分］L-グルタミン酸ナトリウム、ホホバ油、無水ケイ酸、デキストリン、アラビアゴム、ヒドロキシプロピルセルロース、香料、❗黄202(1)、❗青2、❗青1、粘度調整剤

れている効能をそのまま表示することを認めているにすぎないのです。しかも、入浴剤が原因で皮膚がかぶれたり、かゆくなったりするケースがあるのです。**「その他の成分」として、青2や青1、黄202（1）などのタール色素が含まれていますが、これらは表示指定成分の一つです。**皮膚がデリケートな人の場合、かぶれやかゆみなどを起こすことがあります。

また、入浴剤には必ずと言っていいほど香料が入っていて、それが嗅覚を刺激してきます。いずれも人工的で刺激的なにおいがします。これを「いい香り」と感じるか、「不自然で不快なにおい」と感じるかは人それぞれだと思いますが、中にはそれによって気分が悪くなる人もいます。香り成分を作るものの中には、毒性の強いものがあり、それに敏感に反応しているのかもしれません。そもそも入浴剤を入れなくても、肩こりや腰痛などは改善されるのです。なぜなら、お風呂に入るだけで、体温が上がって血行が良くなるからです。それにともなって、肩こりや腰痛、冷え症などは改善され、疲労回復にもつながるのです。

薬用ボディソープ

全身を無防備にし、皮膚炎の心配も

ボディソープは全身を洗うものですが、薬用ボディソープは、全身を殺菌・消毒するというものです。配合されている殺菌成分が、皮膚に棲息している細菌を殺すのです。しかし、これはまったく必要のないことであり、かえって危険なことなのです。

写真の製品の殺菌成分は、ミコナゾール硝酸塩とイソプロピルメチルフェノールです。ミコナゾール硝酸塩は細菌の細胞膜を破壊することで殺します。白癬《はくせん》菌にも効果があるため、水虫の薬にも使われています。イソプロピルメチルフェノールも強い殺菌力があるため、ハンドソープ、消毒薬、薬用石けん、軟膏《なんこう》、ニキビケア製品などにも使われています。

しかし、どちらの成分も皮膚刺激性があります。**ミコナゾール硝酸塩は、発赤、かぶれ、灼熱感、疼痛、かゆみ、接触皮膚炎などの副作用が現れることがあります。イソプロピルメチルフェノールは、接触皮膚炎を起こすことが知られています。**

接触皮膚炎とは、何らかの刺激性物質が皮膚に接触することによって起こるもので、赤く膨れてかゆくなったり、湿疹ができたり、ひどくなると水泡ができます。二つのタイプがあり、一つは刺激となる物質が直接皮膚に作用して起こります。皮膚の細胞が破壊されて起こる、一種の炎症ということができます。もう一つは、アレルギー反応が関係するもので、かぶれやかゆみ、吹き出物などの症状が現れます。

そもそも全身の皮膚を殺菌する必要はまったくありませんし、かえって皮膚を無防備な状態にしてしまいます。皮膚には表皮ブドウ球菌などの皮膚常在菌が棲息しています。その数は数百億個に上り、皮膚と共生関係にあります。つまり、皮膚は住み家を提供し、常在菌はいわば「保護膜」となって、水虫菌など有害な細菌の感染を防いでいるのです。また、常在菌が棲息することで免疫が働いて、免疫力が維持されている面もあります。

その常在菌を薬用ボディソープで殺してしまうと、皮膚は無防備な状態になって、病原菌の感染を受けやすくなります。また、免疫力も低下することが考えられます。したがって、薬用ボディソープは使ってはいけないのです。

●コラージュフルフル　泡石鹸（持田ヘルスケア）　★医薬部外品

[効能・効果] 皮膚の洗浄・殺菌・消毒、体臭・汗臭及びニキビを防ぐ

[有効成分] ❗ミコナゾール硝酸塩、❗イソプロピルメチルフェノール

[その他の成分] PG、BG、濃グリセリン、アルキルカルボキシメチルヒドロキシエチルイミダゾリニウムベタイン、ラウロイルメチル-β-アラニンNa液、ヤシ油脂肪酸ジエタノールアミド、無水クエン酸、コハク酸一ナトリウム、フェノキシエタノール、水

薬用シャンプー

水虫薬の成分で髪を洗ってもフケは防げない

写真の製品のボトルには、次のように表示されています。「抗真菌（抗カビ）成分ミコナゾール硝酸塩と抗酸化・抗菌成分オクトピロックスが、フケ原因菌（カビ）の増殖を抑え、フケ・かゆみを効果的に防ぎます。また、オクトピロックスが頭皮の汗臭を防ぎ、清潔ですこやかな頭皮環境に整えます」。しかし、この製品を使ってもフケを防ぐことはできないでしょう。

ミコナゾール硝酸塩は、前項で述べたように白癬菌にも効果があるため、水虫の薬にも使われています。オクトピロックスは、スイスのクラリアント社が開発した殺菌剤で、一般名はピロクトンオラミンといいます。細菌のほか真菌《しんきん》（カビ）に対する効果も強いため真菌症の外用薬として使われています。

この製品で髪を洗うということは、いわば水虫薬を頭に塗りたくるようなものですが、これによってフケを防ぐことはできません。なぜならフケは自然発生的なものだからです。

人間の皮膚は新しい細胞ができると古い細胞は剥がれ落ちて垢となります。頭皮も同じで表皮細胞は角質化して剥がれ落ちていきます。それがフケなのです。つまりフケは頭皮の垢なのです。それを取り除くためには洗い流すことが一番です。殺菌剤を頭皮に接触させていると頭皮が荒れて、かえってフケやかゆみを起こしやすくなってしまう心配もあります。

頭皮は皮脂の分泌が盛んな部分で、それが頭皮を守っているといえます。ところが、過剰な洗髪や洗浄力の高すぎるシャンプーによって皮脂が必要以上に失われてしまうと、頭皮が乾燥してパラパラしたフケが出やすくなります（乾性フケ）。

一方、洗髪が不十分であったり、脂肪の多い食事を摂りすぎるなどしていると、髪の根元の部分に皮脂がべっとりついたような状態になることがあります（脂性フケ）。フケを防ぐには、まず過剰な洗髪や洗浄力の強すぎるシャンプーの使用をやめることです。そして適度に洗髪を行うことが大切です。また、脂肪の多すぎる食事を控えることも必要でしょう。

●コラージュフルフルネクストシャンプー　すっきりさらさらタイプ（持田ヘルスケア）

★医薬部外品

［効能・効果］フケ・かゆみを防ぐ。毛髪・頭皮を清浄にする。毛髪・頭皮をすこやかに保つ。毛髪・頭皮の汗臭を防ぐ。

［有効成分］❗ミコナゾール硝酸塩、ピロクトンオラミン

［その他の成分］アルキルカルボキシメチルヒドロキシエチルイミダゾリニウムベタイン、ラウロイルメチル-β-アラニンNa液、ヤシ油脂肪酸ジエタノールアミド、濃グリセリン、プロピレングリコール、コハク酸一ナトリウム、無水クエン酸、水

✕ ハンドソープ
かえって手が荒れてしまうかも

新型コロナウイルス感染症の流行にともなって、家に帰ったら「ハンドソープで手を洗っている」という人も少なくないでしょう。しかし、わざわざハンドソープを買ってきて使う必要はあるのでしょうか。

手に付着したウイルスや細菌は、水道水でしっかり洗えばほとんど除去できます。それでも心配な人は石けんで洗って、水洗いをすればいいのです。ハンドソープを毎日使っていると、かえって手が荒れてしまう心配があるのです。

写真の製品の有効成分は、イソプロピルメチルフェノールです。**イソプロピルメチルフェノールは強い殺菌力があるため、ハンドソープのほか、消毒薬、薬用石けん、ニキビケア製品などに使われています。**比較的安全性は高いとされていますが、副作用として接触皮膚炎の例が報告されており、また長期間使用した場合、中毒症状を起こすことが指摘されています。

接触皮膚炎とは、薬用ボディソープの項でも述べたように何らかの刺激性物質が皮膚に接触することによって起こるもので、赤く膨れてかゆくなったり、湿疹ができたり、ひどくなると水泡ができます。一つは刺激となる物質が直接皮膚に作用して起こるもので、皮膚の細胞が破壊されて起こる、一種の炎症ということができます。

もう一つは、アレルギー反応が関係するものです。原因物質が何度か皮膚に接触することによって、それに対して体の免疫が反応し、その結果、かぶれやかゆみ、赤み、吹き出物などの症状が現れるというものです。

アレルギー性接触皮膚炎の原因は様々で、昔から知られているウルシかぶれは、ウルシが原因です。ほかに化学繊維の衣類、防水処理を施した衣類やコート、アクセサリーの金属やメッキ、マニキュア、香水、オーデコロン、ヘアカラーなどでも発生することがあります。

なお、「キレイキレイ 薬用泡ハンドソープ」の「その他の成分」に水酸化K（カリウム）がありますが、これは皮膚を溶かす作用があります。おそらくほかの成分と化学反応を起こして（中和して）、製品に残留してはいないと考えられますが、多少不安が残ります。

◉キレイキレイ　薬用泡ハンドソープ（ライオン）

★医薬部外品

［有効成分］❗イソプロピルメチルフェノール

［その他の成分］PG、ソルビット液、ラウリン酸、❗水酸化K、ヤシ油脂肪酸アシルグリシンK液、ミリスチン酸、モノエタノールアミン、香料、ポリオキシエチレントリデシルエーテル、❗EDTA、塩化ジメチルジアリルアンモニウム・アクリルアミド共重合体液、ベンジルアルコール、❗赤106

薬用石けん

これで体を洗ってはいけない

「薬用せっけんミューズ」は古くから売られている製品で、「使ったことがある」という人もいると思います。しかし、薬用石けんには殺菌成分が含まれており、それが皮膚を刺激して、炎症を起こす心配があるのです。

「薬用せっけんミューズ」の殺菌成分であるイソプロピルメチルフェノールは、表示指定成分の一つです。表示指定成分とは、1980年に当時の厚生省が皮膚炎やアレルギー、がんなどを起こす可能性があるとして、医薬部外品や化粧品に表示を義務付けた成分のことです。100種類以上あり、その一つがイソプロピルメチルフェノールなのです。

化粧品については、2001年4月から全成分を表示することが義務付けられたため、表示指定成分もその他の成分も区別なく表示されることになりました。**そのため表示指定成分の制度は、実質的に意味をなさなくなりました。**しかし医薬部外品については、この制度は今も続いているのです。なお、日本化粧品連合会などの業界団体が、医薬部外品についても全成分表示を行うという自主基準を設けたため、化粧品と同様にすべての成分が表示されるケースが多くなっています。しかしこれはあくまで自主基準なので、それが守られていないケースもあるのです。

●薬用せっけんミューズ（レキットベンキーザー・ジャパン）

★医薬部外品

［**有効成分**］❗イソプロピルメチルフェノール

［**その他の成分**］石けん用素地、パーム核油脂肪酸、❗酸化チタン、❗エデト酸塩、香料、❗黄203、❗赤201

「薬用せっけん　ミューズ」の場合、エデト酸塩、タール色素の黄２０３（黄色２０３号）と赤２０１（赤色２０１号）も表示指定成分です。ちなみに「キレイキレイ　泡ハンドソープ」にも、表示指定成分のＥＤＴＡ（エデト酸塩）と赤１０６（赤色１０６号）が含まれています。「薬用せっけん　ミューズ」の箱には、「体臭・汗臭の予防にも効果的なデオドラント効果」「毎日のお風呂にもどうぞ」と書かれています。しかし、これで体を洗うことはやめたほうがよいでしょう。接触皮膚炎を起こす可能性があるほか、皮膚の常在菌を殺してしまうからです。

人間の皮膚には、表皮ブドウ球菌などの皮膚常在菌が棲息しています。これらは通常無害で、皮膚の一種のバリアになっています。つまり有害な細菌が皮膚に感染しようとした際にそれを防いでくれているのです。ところが、殺菌剤でそれを殺してしまうと、皮膚が無防備な状態になって、病原菌に感染しやすくなってしまうのです。

頭痛・生理痛薬（第1類医薬品）

効果も強いが、副作用も強い

「ロキソニンＳ」を服用したことがある人は、「確かに効く」と感じている人が多いでしょう。「イブクイック頭痛薬」（エスエス製薬）や「新セデス錠」（シオノギヘルスケア）などは第２類医薬品。一方「ロキソニンＳ」は第１類医薬品で、効果が高いのです。しかしその反面、副作用も強いのです。

以前ロキソニンは、医師の処方箋がないと買えない医薬品でした。ところが、厚生労働省が規制を緩和し、処方箋なしでの販売を認めたため、２０１１年１月から第１類医薬品として市販されるようになったのです。効能・効果を見ても分かるように、頭痛や生理痛のほか、歯痛や神経痛、耳痛などあらゆる痛みに効くという感じです。

何らかの原因で血流が悪くなった時、それを改善しようとプロスタグランディンという生理活性物質が分泌されて血管が拡張しますが、知覚も刺激されるため、結果的に痛みとなって現れます。これが脳内で起こると頭痛となります。また、月経の際にプロスタグランディンは子宮を収縮させて血液を排出させますが、分泌量が多いと収縮が強くなりすぎて、きりきりとした痛みを感じることがあります。これが生理痛です。

この製品の主成分のロキソプロフェンナトリウムは、このプロスタグランディンの生成を促

す酵素の働きを妨害する作用があるのです。そのため痛みが治まるのです。反面強い副作用が現れることがあります。使用説明書には、副作用の可能性として「過度の体温低下、虚脱（力が出ない）、四肢冷却（手足が冷たい）等の症状」があげられています。

さらに「消化性潰瘍、むくみ」とあり、「まれに消化管出血（血を吐く、吐き気・嘔吐、腹痛、黒いタール状の便、血便等があらわれる）、消化管穿孔《せんこう》（消化管に穴があくこと。吐き気・嘔吐、激しい腹痛等があらわれる）、小腸・大腸の狭窄《きょうさく》・閉塞（吐き気・嘔吐、腹痛、腹部膨満等があらわれる）の重篤な症状が起こることがあります」と恐ろしげな内容も。

つまり、効果が高いが、重い副作用も現れやすいということです。医薬品は多かれ少なかれ副作用がありますが、それにしてもちょっと怖い感じです。使用は、第2類医薬品の頭痛・生理痛薬では、どうしても痛みが治まらないという場合に限るべきでしょう。また、なるべく服用回数を減らし、長期間の服用は避けるべきでしょう。

●ロキソニンS（第一三共ヘルスケア）　★第1類医薬品

[効能・効果]○頭痛・月経痛（生理痛）・歯痛・抜歯後の疼痛・咽頭痛・腰痛・関節痛・神経痛・筋肉痛・肩こり痛・耳痛・打撲痛・骨折痛・ねんざ痛・外傷痛の鎮痛○悪寒・発熱時の解熱

[用法・用量]成人（15歳以上）：1回1錠、1日2回まで。症状があらわれた時、なるべく空腹時をさけて服用して下さい。ただし、再度症状があらわれた場合には3回目を服用できます。服用間隔は4時間以上おいて下さい。
15歳未満は、服用しないで下さい。

[成分・分量]（1錠中）❶ロキソプロフェンナトリウム水和物 68.1mg（無水物として60mg）。

[添加物]ヒドロキシプロピルセルロース、ステアリン酸Mg、乳糖水和物、三二酸化鉄

下痢止め

実は毒性物質の塊!?

下痢を起こす原因はたくさんありますが、通常は腐敗した食べ物を食べてしまう、あるいは食中毒菌が付着した食べ物を食べてしまう――この二つが多いでしょう。また、古くなった油を含む食品を食べた場合も、下痢を起こすことがあります。こうした下痢は、いわば体にとって害になるものを早く排泄するための現象といえます。それを下痢止めで無理に止めようとするのは、そもそもよくありません。

代表的な下痢止めの「正露丸」。その主成分である「木クレオソート」は、ブナやマツなどを炭化する際に得られる木タールを蒸留して精製された液体で、大腸の蠕動《ぜんどう》運動を抑制し、また、腸内の細菌の活動を抑えるという働きがあります。

しかし、木クレオソートによって蠕動運動を無理に止めるというのは、有害物の排泄を遅らせるということです。これでは、有害物が長時間消化管内にとどまって、吸収されて全身に回ることにもなるのです。

また木クレオソート自体が、害をもたらすことも考えられます。**木クレオソートは主に22の成分（グアヤコール、クレゾール、フェノールなど）からできていますが、毒性の強いものが多いのです。**最も多く含まれているグアヤコールは、刺激性が強く、致死量は3～10gとされてい

◉正露丸（大幸薬品）　★第2類医薬品

［効能・効果］軟便、下痢、食あたり、水あたり、はき下し、くだり腹、消化不良による下痢、むし歯痛

［用法・用量］成人（15才以上）：1回3粒、11才以上15才未満：1回2粒、8才以上11才未満：1回1.5粒、5才以上8才未満：1回1粒
1日3回、食後に服用してください。
むし歯痛には1〜1/2粒を歯窩につめてください。

［成分・分量］❗日局木クレオソート 400mg、日局アセンヤク末 200mg、日局オウバク末 300mg、日局カンゾウ末 150mg、チンピ末 300mg
添加物として、ケイヒ末、CMC-Ca、グリセリンを含有しています。

ます。また、クレゾールは、病院などで消毒薬としても使われているもので（ツーンと鼻を突く独特のニオイがある）、誤って飲み込むと胃腸や肝臓に悪影響がおよび、重症の場合死亡することもあります。フェノールも毒性が強く、人間が微粉末や蒸気を吸い込むと、鼻やのどが刺激されて、咳や息切れが激しくなります。動物実験では、発がん性が証明されています。

つまり、木クレオソートは有害物質の塊のようなものなのです。実は私も子どもの頃に、「正露丸」を何度か飲んだことがあります。しかし、飲むたびに太ももの内側に赤いブツブツ、いわゆる蕁麻疹ができたため、飲むのをやめたことをはっきり覚えています。

蕁麻疹は、アレルギーの一種ですが、一つの警告反応ということがいえます。つまり、その人にとって害になるような、あるいは体がうまく処理できないような物質が入ってきた時に、「変なものが入ってきたぞ」という警告を発していると考えられます。つまり、免疫がその物質を感知して、有害であることを認識し、それを知らせているのです。

台所用漂白剤

使い方を誤ると、死亡することも

写真の製品には、大きな文字で「まぜるな危険」と表示されています。成分は塩素系の「次亜塩素酸ナトリウム」であるため、酸性の洗浄剤と混ぜると、猛毒の塩素ガスが発生し、それを吸い込むと死亡することもあるからです。一般に台所用漂白剤の主成分は次亜塩素酸ナトリウムであり、死亡事故を起こす危険性があるのです。

実際に１９８０年代後半には、死亡事故が起きています。徳島県である家庭の主婦が、塩素系のカビ取り剤とトイレやタイル用の酸性洗浄剤を一緒に使用したところ、塩素ガスが発生しました。それを吸い込んだ主婦はその場で倒れ、病院に運ばれましたが、呼吸困難で死亡しました。その後、長野県でも同じような事故が発生しました。そのためこうした表示がなされるようになったのです。塩素ガスは第一次世界大戦で毒ガス兵器として使われたものです。

しかし、**この製品は「まぜなくても危険」なのです。なぜなら、主成分の次亜塩素酸ナトリウムの毒性がとても強いからです。**マウスに対して、次亜塩素酸ナトリウムを体重１kgあたり０・０１２g経口投与したところ、その半数が死亡したというデータがあります。これから換算したヒト推定致死量は、わずか茶さじ１杯です。毒物及び劇物取締法の基準では、これは「毒物」に該当します。こうした化学物質が、台所用製品に入っているのですから、驚きです。

●キッチン泡ハイター（花王）

［用途］まな板、包丁、食器（茶碗、湯飲み、カップ）、きゅうす、水筒、タンブラー、マグカップ、お弁当箱、シンク、排水口のごみ受け、三角コーナー、洗い桶、水きりカゴなど

［成分］❗次亜塩素酸ナトリウム（塩素系）、界面活性剤（❗アルキルエーテル硫酸エステルナトリウム）、❗水酸化ナトリウム

次亜塩素酸ナトリウムは揮発するので、それを吸い込むと肺に悪影響がおよぶことが考えられます。そのためか、ボトルには「体調がすぐれない方や、心臓病・呼吸器疾患等の方は使わないでください」と書かれています。さらに「使用中、目にしみたり、せき込んだり、気分が悪くなった時は使用をやめてその場から離れ、洗眼、うがい等をする」とも。

さらにこの製品には、水酸化ナトリウムが入っているので（次亜塩素酸ナトリウムを安定化させるのが目的）、誤って眼に入ると失明する危険性があります。水酸化ナトリウムは、たんぱく質を溶かすので、角膜が溶けてしまうからです。ボトルには、「目に入った時は失明のおそれがある」とはっきり書かれています。

以上のように、販売者の花王も、危険性をかなり認識しているようです。こんな危険な思いをしてまで、わざわざ使う必要はないでしょう。湯飲みやカップ、きゅうすなどの頑固な汚れは重曹を使うと落とすことができます。またまな板の殺菌はお湯やクエン酸でできます。

衣料用漂白剤

混ぜなくても、危険がいっぱい

台所用漂白剤の「キッチン泡ハイター」と同様に、「まぜるな危険」と大きく表示されています。成分が同じく「次亜塩素酸ナトリウム」と「水酸化ナトリウム」だからです。ドラッグストアで売られている数々の製品の中でも、もっとも危険なものと言えるでしょう。なにしろ、使い方を誤ると死亡することがあり、目に入ると失明のおそれがあるのですから。

次亜塩素酸ナトリウムは漂白作用がとても強いので、たしかに白いシャツやシーツなどは漂白されて真っ白になるかもしれませんが、これだけの危険性を覚悟して使う必要があるのか、疑問です。

ボトルに「使い方」として、「洗たく機・手洗いで 洗たく用洗剤と一緒に使う。（ステンレス槽の洗たく機でも洗たく可）」となっていますが、この際に塩素臭が漂ってきて、それを吸い込むことになります。とくに手洗いとなると、かなり吸い込むことになるでしょう。その結果、肺に悪影響がでないのか心配されます。

花王では、「ワイドハイターＥＸパワー」という衣料用漂白剤も販売しています。こちらには、「まぜるな危険」という表示はありません。成分は、「過酸化水素（酸素系）、界面活性剤（ポリオキシエチレンアルキルエーテル）」であり、次亜塩素酸ナトリウムは使われていません。そ

●ハイター（花王）

［用途］黄ばみ・黒ずみの漂白、衣料の除菌・消臭、赤ちゃんの衣料の漂白／食べ物、飲み物、血液、汗によるシミの漂白

［成分］❶次亜塩素酸ナトリウム（塩素系）、❶水酸化ナトリウム（アルカリ剤）

のため、酸性洗剤と混ぜても猛毒の塩素ガスは発生しないからです。
過酸化水素は、「活性酸素」の一種であり、強い反応性があるため、その作用で衣服を漂白します。ちなみに過酸化水素は、消毒薬のオキシドール（オキシフル）の成分です。また、食品添加物としても使用が認可されています。しかし、実は過酸化水素には発がん性があるのです。**過酸化水素を飲料水に0・1％および0・4％の濃度で溶かし、マウスに対して74日間あたえた実験で、十二指腸にがんが発生したのです。**そのため添加物として使う際には、食品に残留してはならないという使用制限があります。

衣料用漂白剤の場合、それを使っても過酸化水素が口から入るということはありませんが、発がん性のあることが分かっている化学物質をあえて洗濯の際に使うというのは、抵抗があるかもしれません。

✕ カビ取り剤

まるで毒ガスを扱うような完全防備が必要

カビ取り剤の代表格「カビキラー」。「キッチン泡ハイター」と同様に「まぜるな危険」と大きく表示されています。主成分は同様に次亜塩素酸ナトリウムであり、酸性の洗浄剤と混ぜると、猛毒の塩素ガスが発生するため、こうした表示がなされているのです。

次亜塩素酸ナトリウムは、水に溶けると「次亜塩素酸」になりますが、これは強い反応性があります。そのため色素と化学反応を起こし、その化学構造を変えてしまいます。これによって、結果的に色素が色を失って、白くなるのです。

風呂場の目地や台所の天井などに発生した黒カビによる汚れは、水や洗剤ではなかなか落ちません。そこで、「カビキラー」などのカビ取り剤を使って、漂白することで汚れを落とそうということになるのですが、その場合、様々な危険を覚悟しなければなりません。

ボトルには、「体調がすぐれない方や、心臓病・呼吸器疾患等の方は絶対に使わない」との注意表示があります。「絶対に使わない」というのは、かなり強い表現です。そういう人が使うと、体に害が生じるということでしょう。つまり、揮発した成分が肺などに影響して、障害をもたらす可能性が高いということです。

また、「換気扇を回す、窓や戸を開ける等必ず換気する（2か所以上開けると効果的）」「ゴム手袋、マスク、保護眼鏡・ゴーグル等を着用する」「一度に大量に使ったり、長時間連続して使わない」とも書かれています。まるで毒ガスを扱うような物々しさです。成分が手に付いたり、目に入ったりすると障害が発生するので、こんな風に注意喚起しているのです。

とくに目に入った場合は危険で、「目に入った時…すぐに流水で15分以上洗い流す。必ず直後に眼科医に相談する。そのまま放置すると失明のおそれがある」と書かれています。やはり水酸化ナトリウムが入っているので、角膜が溶けて失明する危険性があるのです。

それでも「カビ汚れが落ちないのでどうしても使いたい」という人は、ゴーグルや手袋、マスクなどをして完全防備の状態で使うしかないでしょう。ちなみに、花王の「カビハイター」も、主成分は次亜塩素酸ナトリウムであり、水酸化ナトリウムも入っているため、同様な危険性があります。

●カビキラー（ジョンソン）

［用途］浴室内のカビ汚れ：壁やタイル・目地、マット・小物類、シャワーカーテン、扉等のゴムパッキン

［成分］❗次亜塩素酸塩、❗水酸化ナトリウム（0.5%）、界面活性剤（アルキルアミンオキシド）、安定化剤

トイレ用洗浄剤

塩素系も酸性タイプも、どちらも怖い

「トイレ洗いには、トイレ用洗浄剤を使っている」という人もいるでしょう。昔から売られている「ドメスト」。しかし、「まぜるな危険」と大きく表示されています。「キッチン泡ハイター」や「カビキラー」と同様に次亜塩素酸塩、すなわち次亜塩素酸ナトリウムが主成分だからです。

前述のように次亜塩素酸ナトリウムの毒性はとても強く、マウス体重１kgあたり０・０１２g経口投与したところ、その半数が死亡したというデータがあります。これから換算したヒト推定致死量は、わずか茶さじ１杯。**毒物及び劇物取締法の基準では、「毒物」に該当します。**「毒物」を家庭内で使う製品に配合していいものなのか、はなはだ疑問です。ボトルには「体調がすぐれない方や、心臓病・呼吸器疾患の方は使わない」という注意表示があります。

また次亜塩素酸ナトリウムを安定化させる目的で、水酸化ナトリウムが入っています。使用中に溶液が飛び散って、目に入ったりすると大変なことになります。角膜が溶けて、失明するおそれがあるからです。

ちなみに、「トイレハイター　密着ジェル」（花王）も成分は同じなので、同様な問題があります。

●ドメスト（ユニリーバ・ジャパン）

［**成分**］界面活性剤（アルキルアミンオキシド）、❗水酸化ナトリウム（1.4％）、❗次亜塩素酸塩

一方、昔から売られているトイレ用洗浄剤としては、ほかに「サンポール」（大日本除虫菊）があります。このボトルにも、「まぜるな危険」と大きく表示されています。こちらは酸性洗浄剤であり、塩素系の洗浄剤と混ぜると猛毒の塩素ガスが発生するからです。

成分は、「塩酸（9・5％）、界面活性剤（アルキルトリメチルアンモニウム塩）、洗浄助剤」です。次亜塩素酸ナトリウムの代わりの役目を果たすのが、「塩酸」です。

塩酸についてはご存知の方も多いと思いますが、腐食性の強い化学物質で、皮膚に付いた場合、炎症を起こします。そのため「使用の時はゴム製等の手袋又は柄つきブラシを使う」という注意表示があります。

トイレの汚れは頑固なので、なかなか落ちないものです。そこで、塩素系や酸性タイプの洗浄剤が売られているのですが、どうしても使いたいという人は、最大限の注意を払って、害をこうむらないようにして下さい。

✕ ゴキブリスプレー

神経への悪影響が心配される

「ゴキブリが好き」という人はまずいないでしょう。どこからかゴソゴソ這い出してきたら、ゴキブリスプレーを使うという人が多いと思います。写真の製品は殺虫剤としては珍しい、「第2類医薬品」で、有効成分の一つは、ピレスロイド系殺虫剤のイミプロトリンです。

ピレスロイド系殺虫剤は、除虫菊に含まれる殺虫成分のピレトリンを真似て化学合成されたものです。昆虫には、神経毒として作用します。一般に人間に対する毒性は弱いとされていますが、それでも一度に大量に吸い込むと、悪心（気分が悪くなること）、嘔吐、下痢、頭痛、耳鳴り、強い眠気などが見られ、重症になると、呼吸障害やふるえなどを起こすこともあります。また、皮膚過敏症や気管支ぜんそく、鼻炎、結膜炎などを起こすこともあります。

もう一つの有効成分のメトキサジアゾンは医薬成分であり、神経伝達物質のアセチルコリンを分解する酵素を阻害することで、殺虫効果を発揮します。ピレスロイド系殺虫剤に抵抗性のあるゴキブリにも効果があるのが特長です。しかし、人間の体内でもアセチルコリンが機能していて、神経伝達の重要な役割を果たしているので、吸い込んだ場合、悪影響が出ないのか心配されます。こうした成分を含む製品は使わないほうがよいでしょう。

ちなみに、以前から売られている「防除用医薬部外品」である「アースゴキジェットプロ」

の有効成分は、イミプロトリンのみで、メトキサジアゾンは含まれていません。

一方、「フマキラーゴキブリ−85℃超凍止ジェット」（フマキラー）という製品もありますが、ピレスロイド系殺虫剤もメトキサジアゾンも使われていません。有効成分の「HFO-1234ze」などによって、ゴキブリを瞬間凍結させるというものです。ゴキブリは、そのままポリ袋などに密封して捨てます。しかし、「噴霧が裸火や高温物体に触れると有毒ガスが発生する」という注意表示があります。やはりこの製品も使わないほうがよいでしょう。

ゴキブリ退治には、ホウ酸団子を利用するとよいでしょう。小麦粉や砂糖、玉ねぎにホウ酸を加えて作った団子で、作り方はネットでも紹介されています。ただし、子どもやペットが食べないようにアルミホイルなどで包んでください。置く場所もなるべく誤食しないような所にしてください。製品としても売られていて、「アースゴキブリホウ酸ダンゴ」などがあります。

●医薬品アースゴキジェットプロ（アース製薬）

★第2類医薬品

［効能・効果］ゴキブリ、ノミ、トコジラミ（ナンキンムシ）、イエダニ、マダニの駆除

［有効成分］450mL中イミプロトリン 0.5g（プラルとして1.0g）、❗メトキサジアゾン 0.41g

［その他の成分］無水ケイ酸、オレンジ油、無水エタノール、ミリスチン酸イソプロピル、1号灯油、LPG、DME

✕ 虫侵入防止製品

誇大宣伝で、ありもしない効果をうたう

俳優・長澤まさみの奇妙なテレビCMで知られる「キンチョウ　虫コナーズ」。ベランダや軒下などに吊り下げると、殺虫成分が少しずつ放散され、それによってハエや蚊などが近づかないため、部屋の中への侵入を防げるというものです。しかし、こうした製品を使っても、蚊などの家屋内への侵入を防ぐことはできないと考えられます。

ベランダや軒下に吊り下げた場合、プレートから放出された殺虫成分は、空気中に拡散することになります。また、風が吹けばよりいっそう拡散することになります。 そんな状態で、ハエや蚊を寄せ付けないということが可能なのか、疑問です。

消費者庁も同様な疑問を持ったようで、「KINCHO虫コナーズプレートタイプ」「アースバポナ虫よけネットW」「虫よけバリア」「ウナコーワ虫よけ当番」について、「虫をよせつけない」などの表示内容が根拠不十分であり、景品表示法の優良誤認（実際のものより、著しく優良であると示す）に当たるとして、2015年2月、販売元の大日本除虫菊、アース製薬、フマキラー、興和に再発防止などを求める措置命令を出しました。同庁によると、風通しのよい生活空間で有効成分が空気中に留まりにくいため、効果が十分とは言えないので、表示の根拠が認められないことを指摘し、各社に根拠となるデータの提出を求めたが、その根拠を示す合

理的なデータが得られなかったため、措置命令を下したとのことです。

これに対して、各社は「虫をよせつけない」「虫の侵入を防ぎます」などの表示に変えて、今でも販売し続けているのです。しかし、プレートから放散される殺虫剤は空気中をどんどん拡散していき、風が吹けば、拡散はいっそう強まります。したがって、「殺虫剤バリア」ができることはありえないのです。つまり、蚊やハエが家の中に入ってこなくなることは考えられないのです。

さらにもう一つの問題は、人体に悪影響がないのかという点です。「キンチョウ虫コナーズ」は、プレートからピレスロイド系殺虫剤（ゴキブリスプレーの項参照）が放出され、それが周辺に広がるというものですが、窓を開けていた場合、殺虫剤が室内に入ってくることになります。また、玄関やキッチンに置くという使い方もあって、この場合、室内に殺虫剤が確実に広がることになります。その濃度は低いと考えられますが、化学物質過敏症など化学物質に敏感な人は、なんらかの症状が現れる可能性があるのです。

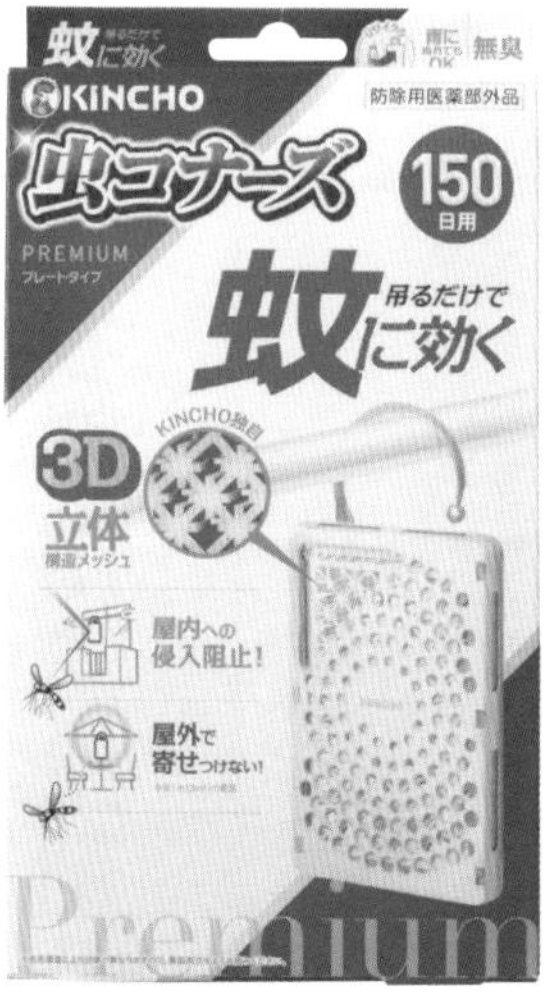

◉キンチョウ（KINCHO）虫コナーズプレートタイプ（大日本除虫菊）

★防除用医薬部外品

［効能］蚊成虫の侵入阻止又は忌避

［有効成分］❗ピレスロイド（トランスフルトリン 9%）

［その他の成分］ポリオレフィン系樹脂、その他1成分

［用法用量］本品は約150日間使用できる。蚊成虫の侵入阻止を目的に、窓やドア等の出入り口の屋外に1個設置して使用する。蚊成虫の忌避を目的に、半径1m（3㎡）あたり1個の割合で屋外で使用する。

✕ 衣料用防虫剤

発がん性物質が衣服に付着する

「パラゾール」は昔から使われている衣料用防虫剤ですが、とにかく強烈なにおいがします。そのにおいによって虫を寄せ付けないようにしているわけですが、揮発成分のパラジクロルベンゼンには発がん性があるのです。

パラジクロルベンゼンの化学構造は、危険そのものです。というのも、人間に白血病を引き起こすことが明らかになっているベンゼンという物質に、毒性の強い塩素（Cl）が結合したものだからです。有機塩素化合物の一種であり、燃やした場合、猛毒物質として知られるダイオキシンが発生する可能性大です。

パラジクロルベンゼンは、動物実験で発がん性が認められています。マウスへの経口投与では肝臓に、またラットへの経口投与では、腎臓にがんの発生が認められています。さらに、マウスに吸入させた実験でも、肝臓にがんの発生が認められています。

「パラゾール」をタンスやクローゼット、衣料ケースなどに入れた場合、揮発したパラジクロルベンゼンが衣服に付着します。そして、それを着た場合、パラジクロルベンゼンが揮発して、着ている人が吸い込むことになります。動物実験の結果から見ると、それによって発がんのリスクが高まると考えられます。ですから、使ってはいけません。

一方、「ムシューダ」（エステー）に代表される無臭の衣料用防虫剤の場合、パラジクロルベンゼンは使われていません。代わりにピレスロイド系の殺虫剤が使われています（ゴキブリスプレーの項参照）。

またイソチアゾリン系の防カビ剤が使われている製品もあります。しかし、イソチアゾリン系の化学合成物質でアレルギー性接触皮膚炎を起こしたケースが報告されています。

では、どうすればよいのでしょうか？ 衣類を食い荒らして穴を開けるのは、イガ（衣蛾）の幼虫です。成虫が衣服に卵を産み付け、孵化した幼虫が羊毛でできた衣類を食べて成長するため、衣類に穴が開いてしまうのです。ですから、まずイガの成虫を退治することが肝心です。我が家では、イガの成虫を見つけたら手で潰しています。それから毛糸の衣類は、春から秋の間はポリエチレンなどの袋に入れて密封しておきます。こうればイガは入り込めません。密閉性の高い衣料ケースに入れて、イガの侵入を防ぐのもよいでしょう。

●パラゾール（白元アース）

[成分]❗パラジクロルベンゼン、香料

花粉バリアスプレー

鼻への花粉の侵入を防げるわけがない

「春になると花粉症で辛くて」という人は多いでしょう。写真の製品は、そんな人のための予防グッズとして売られています。「花粉／ウイルス／ＰＭ２・５をブロック！」と大きく表示されています。そして裏面には、「①目と口を閉じ、顔から20㎝程度離し円を描くように適量をスプレーしてください」、「②ミクロの霧がスプレーした部分をコーティングし、イオンの透明なベールを作ります」、「③静電気の発生を抑え、空気中の花粉、ウイルス、ＰＭ２・５の吸着を抑制します」と書かれています。

これらを読んだ人は、顔にスプレーすれば花粉の侵入を防いで、花粉症の症状を軽減できると思うでしょう。しかし、ここには消費者を欺くような、巧みな「すり替え」が行われているのです。

花粉症が発生するのは、鼻や目に花粉が入るからですが、鼻に花粉が入るのは、呼吸、すなわち空気を鼻から吸い込むことによります。つまり、空気とともに花粉が鼻に入り、それが粘膜に付着し、結果として花粉症の症状が現れるのです。しかし、この製品は顔の表面に花粉が付着することを防ぐものです。

確かに顔の表面に付着する花粉は減少するのでしょう。しかし、花粉症を防ぐことはできま

●イハダ　アレルスクリーン（資生堂薬品）

［成分］水、エタノール、ポリクオタニウム-51、PEG/PPG-14/7ジメチルエーテル、窒素、クエン酸Na、PEG-30フィトステロール、クエン酸、温泉水、ジステアリルジモニウムクロリド、イソステアリルアルコール、ミネラルオイル、イソプロパノール、フェノキシエタノール

せん。なぜなら、花粉は呼吸によって、空気とともに鼻に容易に侵入してしまうからです。この製品のパッケージにも小さな文字で、「花粉、ウイルス、ＰＭ２・５の侵入を完全に防ぐものではありません」と書かれています。

つまり、顔に花粉が付着するのを防ぐことを、「ブロック」という言葉によっていかにも花粉の侵入を防ぐかのような「すり替え」が行われているのです。少し冷静に考えれば、花粉が鼻に侵入するのを防げないことは分かるはずです。しかし、花粉症で辛い思いをし、藁にもすがる思いでいる人にとっては、こうしたトリックを見抜くのは難しいのかもしれません。この製品は何年も前に発売されて、ドラッグストアにずっと陳列されています。こんな状態が続いていることが、不思議でなりません。

✕ 手指消毒剤
わざわざ買って、家庭内に置く必要なし

新型コロナウイルス対策のために、「手指消毒剤を家に置いている」という人もいるでしょう。写真の製品が代表的で、有効成分は、ベンザルコニウム塩化物です。

厚生労働省のホームページには、「**新型コロナウイルスの消毒・除菌方法について**（厚生労働省・経済産業省・消費者庁特設ページ）」という項目があり、それによると「テーブル、ドアノブなどには、市販の家庭用洗剤の主成分である「界面活性剤」も一部有効です。界面活性剤は、ウイルスの『膜』を壊すことで無毒化するものです。９種類の界面活性剤が新型コロナウイルスに有効であることが確認されています（ＮＩＴＥの検証による）」とのことで、その一つが塩化ベンザルコニウム（ベンザルコニウム塩化物と同じ）なのです。なお、「ＮＩＴＥ」とは、経済産業省所管の独立行政法人である製品評価技術基盤機構のことです。

そのため、ベンザルコニウム塩化物を有効成分とした手指消毒剤が各種売られているのです。しかし、わざわざそれを買って家庭内に置く必要はないのです。前出の「新型コロナウイルスの消毒・除菌方法について」では、「手や指などのウイルス対策として」として、「手や指についたウイルス対策は、洗い流すことが最も重要です。手や指に付着しているウイルスの数は、流水による15秒の手洗いだけで１／１００に、石けんやハンドソープで10秒もみ洗いし、流水

◉ビオレU　薬用手指の消毒液（花王）

★指定医薬部外品

［効能・効果］手指・皮膚の洗浄・消毒

［用法・用量］そのまま手指に塗布又は塗擦する

［有効成分］❗ベンザルコニウム塩化物 0.05w/v%

［添加物］エタノール、グリセリン、中鎖脂肪酸トリグリセリド、乳酸Na

で15秒すすぐと1万分の1に減らせます」とあります。ウイルスは、生物と無生物の中間の存在です。すなわち、人間などの細胞の中に入って増殖する場合は生物といえますが、その外では増殖はできず、無生物に当たります。つまり、ごくごく小さな埃と同じなのです。ですから、水道の流水や石けんで洗うことによって、ほぼ除去できるのです。

ベンザルコニウム塩化物は、表示指定成分の一つで、使い続けていると、人によっては皮膚炎などを起こす心配があります。ですから、わざわざ買って家に置く必要はないのです。

一方、アルコールが有効成分の手指消毒液も売られています。しかし、「新型コロナウイルスの消毒・除菌方法について」では、「手洗いがすぐにできない状況では、アルコール消毒液も有効です。アルコールは、ウイルスの『膜』を壊すことで無毒化するものです」と記され、濃度が70％以上95％以下のエタノールを用いてよくすりこむことが有効とされています。しかし、家庭内には必ず水道があるので、「手洗いがすぐにできない状況」には当たりません。したがって、この製品も買ってきて家庭内に置く必要はないのです。

COLUMN

合成甘味料で脳卒中・認知症が3倍に

2017年4月、アメリカのボストン大学などの研究グループが、脳卒中と認知症に関して、とても興味深い発表を行いました。

同グループでは、マサチューセッツ州のフラミンガムという町で、1971年から住民の健康について継続的に調べているのですが、1998年から2001年に関する調査で、脳卒中については45歳以上の男女2888人、認知症については60歳以上の男女1484人を対象に、食生活などを詳しく聞き取りました。そしてこの約10年間で脳卒中になった97人と認知症になった81人について分析しました。

その結果、性別や喫煙習慣などが発症におよぼす影響を差し引くと、合成甘味料入りのダイエット飲料を1日1回以上飲んでいた人は、まったく飲まない人よりも虚血性脳卒中やアルツハイマー型認知症になる確率が約3倍も高かったのです。ちなみに、アメリカで普及している合成甘味料は、日本と同じようにアセスルファムK、スクラロース、アスパルテーム、サッカリンNaなどです。

なお、砂糖入りの飲料を飲んでいる人についても調べましたが、脳卒中や認知症との関連は認められませんでした。どうして虚血性脳卒中やアルツハイマー型認知症の発生率がそれほど高くなったかについては分からないとのことですが、砂糖入り飲料では影響が認められていないことから、合成甘味料が脳に何らかの影響をおよぼして発症率を高めたと考えられるのです。

第2章

「買ってはいけない」と「買ってもいい」の中間の商品

△ ダイエットサプリ

利用すべきかすべきでないか、ハムレット的選択！

写真の「カロリミット」には、「食事の糖や脂肪の吸収を抑えます」と大きく表示されています。つまり、食事の際にこれを一緒に摂取すると、糖や脂肪の吸収が抑えられて、太るのを防ぐというわけです。しかし、これは栄養素を無駄にすることでもあるのです。

機能性表示食品であるため、左ページの届出表示の内容について、その根拠を示すデータが消費者庁に提出され、公開されています（２０２３年11月現在）。それによると、日本人成人男女40名に、「カロリミット」とプラセボ食品を摂取《せっしゅ》してもらった後、米飲を食べてもらい、その後の１２０分まで、血糖値を測定しました。その結果、「カロリミット」を摂取した群はプラセボ群に比べて、30分後と60分後の血糖値が有意に低くなっていました。

また、日本人成人男女50名に「カロリミット」とプラセボ食品を摂取してもらった後、高脂肪食（バター、ラードを溶かしたコーンクリームスープ）を食べてもらい、6時間後までの血中中性脂肪値を測定しました。その結果、「カロリミット」を摂取した群は、プラセボ群に比べて、3、4、6時間後の血中中性脂肪値が有意に低くなっていました。

これらの結果に基づいて、届出表示をしているのですが、そもそも糖や脂肪の吸収を抑えるという発想に疑問を感じます。なぜ食事をするのか？　それは栄養を摂るためです。その栄養の一つが糖であり、脂肪です。ただし、その糖や脂肪を摂りすぎるから太ってしまうわけです。栄養の摂取と消費のバランスが重要であり、それが崩れてしまうので、体に脂肪が蓄積して太ってしまうのです。

ですから、まずそのバランスの崩れをなくすことが重要なのです。それをしようとせずに、こうしたサプリメントに安易に頼るのは、長い目で見た場合にその人の体にとってどうなのでしょうか？　ともあれ、この製品が必要か、不必要かは各個人の判断に任せたいと思います。

危険性の高い添加物は含まれません。値段は、1袋（60粒）が1080円（税込み）でした。

●カロリミット（ファンケル）

★機能性表示食品

[届出表示]本品には桑の葉イミノシュガー・キトサン・茶花サポニンが含まれます。本品は、食事の糖や脂肪の吸収を抑えて、食後の血糖値と血中中性脂肪値の上昇を抑える機能があります。本品は糖、脂肪が多い食事をとりがちな方に適しています

[1日摂取目安量]1回3粒（1～3回）

[原材料名]桑の葉エキス末（桑の葉エキス、でんぷん分解物）（国内製造又は中国製造）、茶花エキス末（茶花エキス、でんぷん分解物）、でんぷん、食用ホタテ貝殻粉/セルロース、キトサン（かに由来）、微粒二酸化ケイ素、ヒドロキシプロピルセルロース、ステアリン酸カルシウム、シェラック

[栄養成分表示]（1回3粒723mgあたり）エネルギー 2.1kcal、たんぱく質 0.09g、脂質 0.02g、炭水化物 0.52g、食塩相当量 0.0006g

△

ゼリー飲料

手軽にビタミンを摂れるが、合成甘味料入りに注意

ゼリー飲料は栄養が強化されたものが多いですが、中には危険性のある合成甘味料が添加されたものもあるので注意してください。

「1日分のビタミン」という商品名は、魅力的でしょう。V．C（ビタミンC）やV．E（ビタミンE）など各種のビタミンの1日必要量が含まれています。これらは実は食品添加物です。

添加物には様々な種類があって、その一つに栄養強化剤（強化剤）があります。ビタミンやミネラルなど、人間の体に必要なものを補給するためのものです。もともと食品に含まれる栄養素を化学的に合成したものが多く、その点では安全性の高いものです。

この製品には、ほかに「酸味料」、「ゲル化剤（増粘多糖類）」、「香料」が添加されています。酸味料は、文字通り酸味をつける目的で使われます。もともと食品に含まれているものが多く、毒性の強いものは見当たりません。ただし何品目も一度に大量に使われていると、胃や腸の粘膜が刺激されることがあります。

増粘多糖類は、植物や海藻、細菌などから抽出された粘性のある多糖類で、キサンタンガム、カラギナン、グァーガムなど30品目程度あります。基本的にはぶどう糖がたくさん結合した多糖類なので、それほど毒性の強いものはありませんが、いくつか安全性に不安を感じるものも

あります。

香料は、合成が約160品目、天然が約600品目もあって、それらを数品目、あるいは数十品目組み合わせて独特のにおいが作られています。その製法は企業秘密になっています。合成香料の中には毒性の強いものがありますが、「香料」としか表示されないので具体的に何が使われているのか分かりません。

このほか、森永製菓の「inゼリー　マルチビタミン」も、各種ビタミンのほかに酸味料、増粘多糖類、香料が使われています。注意しなければならないのは、「即攻元気　アミノ酸&ローヤルゼリー」（明治）のように合成甘味料のアセスルファムKやスクラロースを添加している製品が少なくないことです。原材料名をよく見て、これらが入っていたら避けましょう。

●1日分のビタミン　グレープフルーツ味（ハウスウェルネスフーズ）

［原材料名］糖類（砂糖（国内製造）、果糖ぶどう糖液糖）、グレープフルーツ果汁／酸味料、ゲル化剤（増粘多糖類）、乳酸カルシウム、V.C、塩化カリウム、パントテン酸Ca、ナイアシン、香料、V.E、V.B_1、V.B_2、V.A、V.B_6、葉酸、V.K、ビオチン、V.D、V.B_{12}

［栄養成分表示］（1袋180gあたり）エネルギー 105kcal、たんぱく質 0g、脂質 0g、炭水化物 26g、食塩相当量 0.34g
ビタミンA 770µg（100%）、ビタミンB_1 1.2~3.3mg（100～275%）、ビタミンB_2 1.4mg（100%）、ビタミンB_6 1.3mg（100%）、ビタミンB_{12} 2.4~11.7µg（100～488%）、ビタミンC 100～300mg（100～300%）、ビタミンD 5.5µg（100%）、ビタミンE 6.3mg（100%）、ビタミンK 150µg（100%）、ナイアシン 13mg（100%）、パントテン酸 4.8~27.7mg（100～577%）、葉酸 240～710µg（100～296%）、ビオチン 50µg（100%）
（　）内は1日当たりの栄養素等表示基準値（2015）（18歳以上、基準熱量2200kcal）に占める割合

△

サプリメント（ビタミン&ミネラル）

ビタミンもミネラルもしっかり摂れる

ドラッグストアには、様々なサプリメントが売られていますが、各種のビタミンやミネラルが含まれた製品は、効果が期待できます。というのも、ビタミンとミネラルは体を維持するのに不可欠なものであって、その効果が確認されているからです。逆に不足すると欠乏症に陥って、体調が悪くなります。

写真は、代表的なマルチビタミン&ミネラル製品です。体に必要とされる各種のビタミンとミネラルを含んでいます。「／」以降が添加物ですが、ほとんどが栄養強化剤（強化剤）です。

保存料や着色料、酸化防止剤などの添加物は、業者にとって都合の良いものです。**しかし、栄養強化剤は、ビタミンやミネラル、アミノ酸など体にとって必要な栄養素を強化するためのもので、消費者にとってプラスになるものです。**ただし、「ショ糖脂肪酸エステル」と「ＨＰＭＣ」は、栄養強化剤ではありません。

ショ糖脂肪酸エステルは乳化剤、すなわち水と油を混じりやすくするものですが、ショ糖と脂肪酸が結合したもので、安全性に問題はありません。ＨＰＭＣは、ヒドロキシプロピルメチルセルロースの略です。カプセルや錠剤を作る際に使われています。セルロースをベースとしたものであり、吸収されずにほとんどが便中に排泄されます。動物実験でも毒性はほとんど認められていません。

一方、「セレン酵母」と「クロム酵母」ですが、これらは食用の酵母にミネラルの一種のセレンやクロムを取り込ませたものです。その由来から、安全性にほとんど問題はないと考えられます。

このほか、「ディアナチュラ　マルチビタミン&ミネラル」（アサヒグループ食品）などがありますが、添加物は同様に栄養強化剤がほとんどで、危険性の高いものはありません。やはりセレンやクロムなどのミネラル成分を取り込んだ酵母が含まれています。

●ネイチャーメイド　マルチビタミン&ミネラル（大塚製薬）

★栄養機能食品

［**お召し上がり方**］1日2粒を目安に、水やぬるま湯などでお飲みください

［**原材料名**］セレン酵母、クロム酵母/セルロース、サンゴCa、酸化Mg、V.C、グルコン酸亜鉛、酢酸V.E、ショ糖脂肪酸エステル、ナイアシンアミド、硫酸鉄、HPMC、パントテン酸Ca、グルコン酸銅、V.B_6、V.B_1、V.B_2、β-カロテン（ゼラチンを含む）、V.A、葉酸、ビオチン、V.D、V.B_{12}

［**栄養成分表示**］（2粒1.818gあたり）エネルギー4.6kcal、たんぱく質 0~0.2g、脂質 0~0.2g、炭水化物 0.916g、食塩相当量 0~0.01g
カルシウム 200mg、マグネシウム 100mg、亜鉛 6.0mg、鉄 4.0mg、銅 0.6mg、セレン 50μg、クロム 20μg、ビタミンA 1200μg、ビタミンB_1 1.5mg、ビタミンB_2 1.7mg、ビタミンB_6 2.0mg、ビタミンB_{12} 3.0μg、ナイアシン 15mg、パントテン酸 6.0mg、ビオチン 50μg、葉酸 240μg、ビタミンC 150mg、ビタミンD 5.0μg、ビタミンE 26.8mg

△

サプリメント（DHA&EPA）

魚嫌いだが、DHAやEPAを摂りたい人に

「ＤＨＡやＥＰＡは体にいい」ということは多くの人が知っていると思います。

不飽和脂肪酸の一種のＥＰＡ（エイコサペンタエン酸）が注目されたのは、20世紀後半のことです。グリーンランドに住んでいるイヌイットの人たちは、動脈硬化によって心臓病になる人が少なく、１９７２年にデンマークの研究者が発表した調査では、イヌイットの人の場合、急性心筋梗塞を発症する割合が、デンマーク人の約13分の１でした。彼らはサバやサンマなどの青魚を多く食べていたのですが、それにはＥＰＡが多く含まれていたのです。またアザラシの肉も食べていましたが、アザラシは青魚を食べていたので、やはりＥＰＡが多かったのです。ということで、心臓病が少ないのは、ＥＰＡの効果だろうと判断されました。

ＥＰＡは血小板凝集を抑制したり、善玉（ＨＤＬ）コレステロールを減らさずに、悪玉（ＬＤＬ）コレステロールを減らす働きがあります。 また、やはり青魚に多く含まれるＤＨＡ（ドコサヘキサエン酸）も、同様な働きがあります。そのため動脈硬化が起こりにくくなって、心筋梗塞や脳梗塞などが発生しにくくなるのです。

ＤＨＡの場合、さらに認知機能の低下を防ぐ効果があることが分かっています。 国立長寿医療研究センターでは、「老化に関する長期縦断疫学研究（通称ＮＩＬＳ‐ＬＳＡ〈ニルス・エルエ

スエー〉）」の研究の一環として、地域に在住する60歳以上の人々のデータを用いて、血液中のDHAの濃度の高い人と低い人では、10年後の認知機能に差があるかどうかを調べました。その結果、血液中のDHA濃度が最も低い人たち（59〜138μg／mℓ）に比べて、中程度（138〜175μg／mℓ）あるいは高い人たち（175〜354μg／mℓ）は、10年後に認知機能が低下するリスクが、それぞれ0・11倍、0・17倍低下することが分かりました。

こうした研究から、DHAやEPAを含むサプリメントが売られているのです。写真の製品の場合、添加物はゼラチンとグリセリン（脂肪を構成する成分）なので、安全性に問題はありません。またほかの会社の製品でも、添加物はこれらにビタミンEが加わる程度です。

●DHA（ディーエイチシー）　★機能性表示食品

［**届出表示**］本品にはDHA・EPAが含まれます。DHA・EPAには血中の中性脂肪値を低下させる機能があることが報告されています。また、中高年の方の加齢に伴い低下する、認知機能の一部である記憶力を維持することが報告されています。

［**一日摂取目安量**］4粒

［**原材料名**］精製魚油（国内製造）、ビタミンE含有植物油／ゼラチン、グリセリン

［**栄養成分表示**］（4粒2020mgあたり）エネルギー 14.7kcal、たんぱく質 0.48g、脂質 1.37g、炭水化物 0.11g、食塩相当量 0.005g
機能性関与成分：DHA 510mg、EPA 110mg

△ 大人のミルク

大人が必要とする栄養素をおおよそ含んでいる

一般に粉ミルクは乳幼児のための製品ですが、最近では、大人のための粉ミルクが売られています。写真の製品が代表的で、成人が健康を維持するための栄養素、すなわちたんぱく質、脂質、炭水化物、食物繊維、各種ビタミン、各種ミネラルを含んでいるのが特長です。

さらにDHA（ドコサヘキサエン酸）、α-リノレン酸などの不飽和脂肪酸、ガラクトオリゴ糖、ラクトフェリンなど健康によいとされている成分が含まれています。

原材料名で、「／」までがいわゆる食品原料です。カゼインは、母乳に含まれるたんぱく質、ラクチュロースは、乳糖を原料に作られるオリゴ糖です。デキストリンは、ぶどう糖がいくつも結合したもので、その中で消化されにくいものが「難消化性デキストリン」で、食物繊維の一種。いずれも安全性に問題はありません。なお、「三温糖」の場合、カラメル色素が添加されていることがありますが、森永製菓に確認したところ、「本製品の三温糖には、カラメル色素は使われていません」とのことでした。

「／」以降はすべて添加物ですが、ほとんどが栄養強化剤（強化剤）です。栄養強化剤は、ビタミンやミネラル、アミノ酸など体にとって必要なものを強化するためのもので、消費者にとってプラスになるものです。そのほとんどはもともと食品に含まれる栄養素を化学的に合成したもので、安全性にほとんど問題はありません。**ただし、ビタミンB_1については、数種類があって、やや不安な面があります。ビタミンB_1そのものではなく、それの類似物質が使われているからです**（詳しくは、第4章のビタミンB_1を参照）。

ということで、ほとんどは問題ないのですが、「香料」が気になるところ。香料については、企業秘密になっていて、香料メーカーから香料を仕入れて使っている大手食品会社でさえ、具体的に何が使われているのか知らないことが珍しくありません。香料は合成のものが約１６０品目、天然のものが約６００品目あり、合成香料の中には危険性の高いものもあります。しかし、「香料」としか表示されないため、何が使われているのか分かりません。

●大人のための粉ミルク　ミルク生活プラス（森永乳業）

［原材料名］でんぷん分解物（国内製造）、乳糖、乳たんぱく質、調整脂肪、三温糖、中鎖脂肪酸含有粉末油脂、カゼイン、難消化性デキストリン、ガラクトオリゴ糖液糖、ラクチュロース、精製魚油粉末、ビフィズス菌末、殺菌乳酸菌粉末、カゼイン消化物、乾燥酵母／炭酸Ca、クエン酸Na、リン酸K、塩化Mg、クエン酸、塩化K、レシチン（大豆由来）、リン酸Ca、炭酸K、V.C、ラクトフェリン、塩化Ca、香料、ピロリン酸鉄、V.E、ナイアシン、パントテン酸Ca、V.B_6、V.A、V.B_2、V.B_1、葉酸、マリーゴールド色素、V.D、V.B_{12}

［栄養成分表示］（1食分20g当たり）エネルギー 89kcal、たんぱく質 3.5g、脂質 3.6g、炭水化物 11.2g、食塩相当量 0.14g
ビタミンA 130μg、ビタミンB_1 0.17mg、ビタミンB_2 0.18mg、ビタミンB_6 0.20mg、ビタミンB_{12} 0.30μg、ビタミンC 12.5mg、ビタミンD 1.0μg、ビタミンE 1.5mg、ナイアシン 1.6mg、パントテン酸 1.1mg、葉酸 33μg、亜鉛 0.6mg、カリウム 124mg、カルシウム 220mg、鉄 1.5mg、マグネシウム 16mg、リン 56mg
ラクトフェリン 20mg、リノール酸 450mg、α-リノレン酸 45mg、DHA 11mg、中鎖脂肪酸 1.0g、ラクチュロース 90mg、ガラクトオリゴ糖 90mg、ルテイン 20μg

△

栄養調整食品

手軽にたんぱく質やビタミン・ミネラルを補給できる

「カロリーメイト」に代表される栄養調整食品は、ビタミンやミネラルなどの栄養素をいつでも手軽に摂れる便利な食品です。「時々食べている」という人も少なくないでしょう。ほかに、「ケロッグ素材まるごと」（日本ケロッグ合同会社）や「ｉｎプロテインバー」（森永製菓）などがあります。

「カロリーメイトブロック〈チーズ味〉」の場合、各種のビタミンやミネラル、たんぱく質が含まれていますが、いずれも小麦粉や卵、大豆タンパクなど天然原料由来のもので、添加物の栄養強化剤は使われていません。

添加物としては、香料が使われていますが、刺激的なにおいのものではありません。カゼインナトリウムは、牛乳に含まれるたんぱく質のカゼインにナトリウム（Na）を結合したもので、添加物として微量使われている分には問題ありません。**加工でん粉は、デンプンを基に作られていて、全部で11品目あります。内閣府の食品安全委員会は「添加物として適切に使用される場合、安全性に懸念がないと考えられる」と言っています。**

カロチノイド色素は、植物や動物に含まれる黄、だいだい、赤を示す色素のことです。具体的には、トウガラシ色素（パプリカ色素）、トマト色素、ニンジンカロテン、パーム油カロテンなどです。ただし、安全性にやや不安のあるクチナシ黄色素もカロチノイド色素に含まれています。

「ケロッグ素材まるごと」もピーナッツやアーモンド、かぼちゃの種などに含まれるビタミンやミネラル、たんぱく質が基本になっていますが、「ナイアシン、鉄、ビタミンB_2、葉酸」などの栄養強化剤が添加されています。これらの栄養強化剤は、安全性に問題はありません。

しかし、「ｉｎプロテインバー」（森永製菓）や「１本満足バーギガプロテインチョコ」（アサヒグループ食品）などのように合成甘味料のスクラロースが添加されている製品もあります。これは有機塩素化合物の一種で、免疫力を低下させる心配があります。

●カロリーメイトブロック〈チーズ味〉（大塚製薬）

［**原材料名**］小麦粉（国内製造）、マーガリン（乳成分を含む）、砂糖、ナチュラルチーズ、卵、アーモンドパウダー、でん粉、脱脂粉乳、大豆タンパク、小麦タンパク、食塩／カゼインナトリウム、加工でん粉、香料、カロチノイド色素

［**栄養成分表示**］（4本80gあたり）エネルギー 400kcal、たんぱく質 8.4g、脂質 22.2g、炭水化物 42.7g、食塩相当量 0.94g
カルシウム 200mg、鉄 2.0mg、マグネシウム 50mg、リン 100mg、ビタミンA 385μg、ビタミンB_1 0.6mg、ビタミンB_2 0.7mg、ビタミンB_6 0.65mg、ビタミンB_{12} 1.2μg、ナイアシン 6.5mg、パントテン酸 2.4mg、葉酸 120μg、ビタミンC 50mg、ビタミンD 2.8μg、ビタミンE 3.2mg

△ スポーツドリンク

ミネラルをそれほど含んでいるわけではない

ドラッグストアによっては、経口補水液の隣にスポーツドリンクを並べている所があります。どちらも熱中症対策に効果があるということで並べているのでしょう。

誰もが知っているスポーツドリンクの「ポカリスエット」。その特徴は、ナトリウム、カリウム、カルシウム、マグネシウムなどのミネラル類が水に溶けて、イオン化していることです。販売元の大塚製薬では、「水よりも、ヒトの身体に近い水」と宣伝しています。

汗をかいた後に「ポカリスエット」を飲むと、汗とともに失われたナトリウムなどが速やかに吸収されます。そのため、とくにおいしいと感じるのでしょう。１本（５００㎖）にはナトリウムが食塩相当量で０・６g含まれています。なお、「／」以降が添加物ですが、乳酸Caや塩化Mgなどの栄養強化剤（強化剤）が主です。危険性の高いものは見当たりません。香料も穏やかな香りで、刺激性の強いものではありません。

ただし、ミネラルの量は意外に少ないのです。カルシウムの一日所要量（健康の維持・増進のために標準となる摂取量）は６００㎎ですが、「ポカリスエット」１本（５００㎖）に含まれるカルシウムは10㎎にすぎません。ですから、１本飲んでもカルシウムの補給にはほとんど役にたちません。また、マグネシウムの所要量は１日に約３００㎎ですが、１本に含まれるマグネシウムは3mgにすぎません。

なお、カリウムについては、日本人は通常の食品から十分に摂取《せっしゅ》しているので、あえてスポーツドリンクで摂取する必要はありません。それから、**糖類が1本に31g含まれていますので、糖類の摂りすぎに注意して下さい。**

一方、もう一つの代表的スポーツドリンク［アクエリアス］（コカ・コーラカスタマーマーケティング）ですが、同様にミネラルなどが含まれています。しかし、合成甘味料のスクラロースが添加されています。これまでにも述べてきたようにスクラロースは有機塩素化合物の一種であり、免疫力を低下させる心配があるので、避けるようにしてください。

●ポカリスエット（大塚製薬）

［**原材料名**］砂糖（国内製造）、果糖ぶどう糖液糖、果汁、食塩／酸味料、香料、塩化K、乳酸Ca、調味料（アミノ酸）、塩化Mg、酸化防止剤（ビタミンC）

［**栄養成分表示**］（100mlあたり）エネルギー25kcal、たんぱく質 0g、脂質 0g、炭水化物 6.2g、食塩相当量 0.12g
カリウム 20mg、カルシウム 2mg、マグネシウム 0.6mg

△

のど飴

カラメル色素入りが多い

「のどが荒れた時にのど飴を舐《な》める」という人は多いでしょう。写真の製品のほかに［はちみつきんかんのど飴］（ノーベル製菓）や［果実のど飴］（カンロ）など実にバラエティに富んでいます。そんな中でまず気になるのが「カラメル色素」が添加されている製品が多いことです。写真の製品や［果実のど飴］もそうです。

カラメル色素には、カラメルⅠ、カラメルⅡ、カラメルⅢ、カラメルⅣの4種類があります。カラメルⅠは、でん粉や糖蜜などの炭水化物を熱処理して得られたものですが、カラメルⅡは、炭水化物のほかに亜硫酸化合物が加えられ、熱処理されています。**またカラメルⅢは、炭水化物のほかにアンモニウム化合物が、カラメルⅣは、アンモニウム化合物と亜硫酸化合物が加えられてから熱処理されています。**そしてカラメルⅢとⅣの場合、熱処理によってアンモニウム化合物が4-メチルイミダゾールという物質に変化しますが、この物質は動物実験で発がん性のあることが分かっているのです。

一方、カラメルⅠとカラメルⅡには4-メチルイミダゾールは含まれず、安全性にそれほど問題はありません。しかし、「カラメル色素」としか表示されていないため、Ⅰ～Ⅳのどれが使われているのか不明なのです。

●龍角散ののどすっきり飴（龍角散）

［原材料名］砂糖（国内製造）、水飴、ハーブパウダー、ハーブエキス／香料、着色料（❗カラメル、葉緑素）、酸味料

［栄養成分表示］（1袋100gあたり）エネルギー389kcal、たんぱく質0g、脂質0g、炭水化物97g、食塩相当量0g

また、「ＶＣ－３０００のど飴」（ノーベル製菓）のように合成甘味料のアスパルテームが添加されたり、このほかスクラロースやアセスルファムＫが添加されている製品も少なくありません。原材料名をよく見て、それらが表示された製品は避けるようにして下さい。

ちなみに、のど飴はドラッグストア以外にコンビニやスーパーなどでも売られていますが、ほとんどが医薬品や医薬部外品ではなく、単なる食品です。

私の場合、「はちみつ１００％のキャンデー」（扇雀飴本舗）をよく舐めています。はちみつはのどを保護することが医学的にも分かっています。それを固めて飴にしたもので、はちみつ以外は何も含まれていません。のどが荒れたと感じた時に舐めると、改善してくれます。

△

のどスプレー

危険なサッカリンNaは含まれないが

のどスプレーは、うがい薬と違って、発がん性の疑いのあるサッカリンNaが使われていない製品が多い状況です。

写真の製品の成分は、「ヨウ素」となっていますが、その箱には「次の人は使用しないこと」とあり、「本剤又は本剤の成分、ヨウ素（ポピドンヨード）によりアレルギー症状を起こしたことがある人」と書かれているので、ヨードうがい薬と同様にポピドンヨード（第1章のヨードうがい薬の項参照）が成分です。

ポピドンヨードは、細菌やウイルスを殺す作用があるので、のどに直接噴射し、粘膜に付着させることで、それらを除去しようというものです。

ただし、この製品の箱には「次の人は使用しないこと」とあり、「ヨウ素（ポピドンヨード）」によってアレルギー症状を起こしたことがある人に加えて、「甲状腺疾患のある人」と書かれているので、その点を注意して下さい。

添加物がいくつか使われていますが、サッカリンNaは含まれていません。ヨウ化K（カリウム）は、原発事故などで放射性ヨウ素が空気中に拡散した時に、その取り込みを防ぐために飲むものです。その他の添加物で、危険性の高いものはありません。

一方、もう一つの代表的のどスプレー「フィニッシュ　コーワ」（興和）ですが、成分は同じくポピドンヨードです。1mL中にそれが4・5mg含まれます。添加物は、「l－メントール、ヨウ化K、グリセリン、エタノール」で、やはりサッカリンNaなど危険性の高いものは含まれていません。

ただし、こうした製品を使う必要性が本当にあるのか、疑問を感じざるを得ません。というのも、水でうがいをすればある程度のどの細菌やウイルスは除去できるからです。そこら辺をよく考えて、使うかどうか決めてください。

●のどぬ〜るスプレー（小林製薬）　★第3類医薬品

［効能・効果］のどの殺菌・消毒

［用法・用量］1日数回、適量を患部に噴射してください

［成分・分量］（100mL中）ヨウ素 0.5g
添加物として、ヨウ化K、グリセリン、プロピレングリコール、D-ソルビトール、エタノール、l-メントール、香料を含有する。

△ 日焼け止めクリーム

紫外線を防ぐのは大事だが、成分の影響が心配

日焼け止めクリームは、ＵＶＡとＵＶＢの肌に対する影響を防ぐというものですが、写真の製品の場合、その働きをするのは主に成分中の「メトキシケイヒ酸エチルヘキシル」、「酸化チタン」、「ビスエチルヘキシルオキシフェノールメトキシフェニルトリアジン」、「エチルヘキシルトリアゾン」、「ジエチルアミノヒドロキシベンゾイル安息香酸ヘキシル」です。

メトキシケイヒ酸エチルヘキシルは紫外線吸収剤で、とくにＵＶＢを吸収して熱などのエネルギーに変換することで、皮膚への影響を軽減します。皮膚刺激性や眼刺激性はほとんどなく、また皮膚感作性（アレルギー性）や光感作性もほとんどないとされています（『化粧品成分オンライン』より、以下同じ）。なお光感作性とは、化学物質が光に当たることで変化し、再び同じ物質が皮膚に塗られた際に光が当たるとアレルギーを起こすということです。

ビスエチルヘキシルオキシフェノールメトキシフェニルトリアジンも紫外線吸収剤で、ＵＶＡもＵＶＢも吸収します。皮膚刺激性、眼刺激性、皮膚感作性はほとんどありませんが、光感作性のデータは見当たりません。エチルヘキシルトリアゾンも紫外線吸収剤で特にＵＶＢを吸収。ジエチルアミノヒドロキシベンゾイル安息香酸ヘキシルも紫外線吸収剤で特にＵＶＡを吸収。どちらも皮膚刺激性と皮膚感作性はほとんどありませんが、眼刺激性はわずかにあります。

また光感作性については、前者はデータが見当たらず、後者はほとんどありませんでした。

一方酸化チタン（二酸化チタン）は紫外線散乱剤で、紫外線を物理的に散乱させることで皮膚への影響を軽減します。無機化合物であり、一般に皮膚刺激性やアレルギー性、眼刺激性などは認められないとされています。しかし、空気1立方メートル中に酸化チタン塵を10mg、50mg、250mg存在させ、その空気中にラットを1日に6時間置くことを一週間に5日行い、それを2年間続けた実験で雌雄ともに250mg群で肺がんの発生率が増加しました（『第7版食品添加物公定書解説書』より）。ただし、皮膚に塗った場合にどんな影響が出るかは分かっていません。

このほか、成分の一つのポリソルベート60については、動物実験の結果から発がん性が疑われています。メチルパラベン、EDTA-2Na、BHTは表示指定成分。ちなみに、他社の日焼け止めクリームも同様な紫外線吸収剤と散乱剤、さらに表示指定成分が使われています。

●ビオレUVアクアリッチライトアップエッセンス〈日やけ止めエッセンス〉（花王）

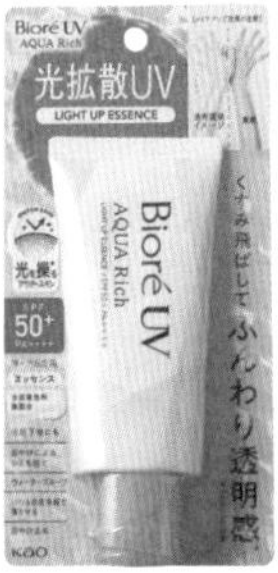

［成分］水、❗メトキシケイヒ酸エチルヘキシル、エタノール、BG、パルミチン酸イソプロピル、❗酸化チタン、❗ビスエチルヘキシルオキシフェノールメトキシフェニルトリアジン、❗エチルヘキシルトリアゾン、ジメチコン、（メタクリル酸ラウリル／メタクリル酸Na）クロスポリマー、水添ポリイソブテン、❗ジエチルアミノヒドロキシベンゾイル安息香酸ヘキシル、シリカ、含水シリカ、マイカ、パルミチン酸デキストリン、トリポリヒドロキシステアリン酸ジペンタエリスリチル、（アクリレーツ／アクリル酸アルキル（C10-30））クロスポリマー、トリエトキシカプリリルシラン、セタノール、ステアリン酸グリセリル、ヒドロキシエチルセルロース、❗ポリソルベート60、ポリシリコーン-9、水酸化Al、水酸化K、ローヤルゼリーエキス、ヒアルロン酸Na、酸化スズ、フェノキシエタノール、❗メチルパラベン、❗EDTA-2Na、❗BHT、香料

△

化粧水

表示指定成分の多いもの、少ないもの

「毎日化粧水を使っている」という女性は少なくないと思いますが、できるだけ表示指定成分の少ない製品がよいでしょう。

写真の製品は医薬部外品で、L‐アスコルビン酸（ビタミンC）の類似物質のL‐アスコルビン酸2‐グルコシドが配合されています。これの作用によって、「肌の奥深くに潜む、隠れメラニンへ直接届き、メラニンの生成を抑え、シミ・ソバカスを防ぎます」といいます。なお、L‐アスコルビン酸2‐グルコシドは、L‐アスコルビン酸にグルコース（ぶどう糖）を結合させたもので、安全性に問題はありません。

しかし、表示指定成分が三つ含まれています。**表示指定成分とは、皮膚炎、アレルギー、がんなどを起こす可能性があるとして、旧厚生省（現・厚生労働省）がリストアップした化学物質で、全部で100種類以上あります。**それらが化粧品や医薬部外品に含まれていた場合、表示が義務付けられています。この製品では、酸化防止剤の「エデト酸二ナトリウム（EDTA‐2Na）」、防腐剤の「エチルパラベン」と「メチルパラベン」が表示指定成分です。

それから水酸化ナトリウムが含まれています。pH（ペーハー）を調整するためですが、たんぱく質変成作用があるので、皮膚を溶かします。ただし、ほかの成分と化学反応を起こして

（中和して）、残っていないと考えられます。

一方、「肌ラボ　白潤プレミアム薬用浸透美白化粧水」（ロート製薬）の場合、有効成分は「トラネキサム酸」と「グリチルリチン酸2K」です。トラネキサム酸は、肌の内部のメラニン色素の生成を抑制して、シミやそばかすができるのを防ぐとされています。皮膚刺激性やアレルギー性はほとんど認められていません。グリチルリチン酸2Kは、漢方薬の甘草に含まれるグリチルリチン酸にカリウム（K）を結合させたもので、抗炎症作用があります。副作用はほとんどないとされています

この製品には、表示指定成分の「エデト酸塩」、「PEG（ポリエチレングリコール）-8」が含まれます。水酸化ナトリウムや、それとほぼ同じ性質の水酸化カリウムは含まれていません。

●モイスチュアマイルド　ホワイトローション（コーセーコスメポート）　★医薬部外品

［有効成分］L-アスコルビン酸2-グルコシド

［その他の成分］精製水、1,3-ブチレングリコール、濃グリセリン、サクシニルアテロコラーゲン液、ヒアルロン酸ナトリウム(2)、ローヤルゼリーエキス、❗エデト酸二ナトリウム、キサンタンガム、ポリオキシエチレン硬化ヒマシ油、リン酸一水素ナトリウム、リン酸二水素ナトリウム、❗水酸化ナトリウム、❗エチルパラベン、フェノキシエタノール、❗メチルパラベン

△

洗顔料

危険な化学合成物質を含まない製品を選ぼう

写真の製品には、発がん性の疑いのある化学合成物質が二つ配合されています。一つは「BHT（ジブチルヒドロキシトルエン）」。抗酸化作用が強く、油脂などが酸化して変質することを防ぐ目的で配合されています。**しかし雌雄のマウスにBHTを0・05％と、0・5％含むえさを10か月間食べさせた実験では、0・05％群で雄マウスの58％に、0・5％群では同28％に肝腫瘍の発生が認められました。**またBHTを0・3％と、0・6％含むえさをマウスに107〜108週間食べさせた実験では、雌マウスで細気管支／肺胞上皮腫または細気管支／肺胞上皮がんが0・3％群で46匹中16匹に、0・6％群では50匹中7匹に認められました。

もう一つは「酸化チタン」。白く着色するために使われていますが、空気1立方メートル中に酸化チタン塵を10㎎、50㎎、250㎎存在させ、その空気中にラットを1日に6時間置くことを一週間に5日行い、それを2年間続けた実験で雌雄ともに250㎎群で肺がんの発生率が増加しました。

このほか表示指定成分がいくつも配合されています。酸化防止剤の「EDTA‐4Na」、防腐剤の「安息香酸Na」と「ソルビン酸K」、それから前出の「BHT」も表示指定成分の一つです。これだけ危険性のある化学合成物質が含まれる製品で、ずっと洗顔を続けていいものなのか、疑問を感じます。

一方、発がん性の疑いのある物質や表示指定成分を含まない洗顔料もあります。たとえば「なめらか本舗 豆乳イソフラボン配合の洗顔サナ」（ノエビア）。成分は、「水、グリセリン、ミリスチン酸、パルミチン酸、水酸化K、ステアリン酸、ステアリン酸グリセリル、ジグリセリン、豆乳イソフラボン、豆乳発酵液、BG、エタノール、コカミドプロピルベタイン、シクロデキストリン、ダイズタンパク、ダイズ種子エキス、トコフェロール」です。

なお、「水酸化K（カリウム）」は、水酸化ナトリウムと同様にpH（ペーハー）を調整するために使われています。たんぱく質変成作用があり、皮膚を溶かす心配がありますが、ほかの成分と化学反応を起こして（中和して）、残っていないと考えられます。

●ダブ ビューティモイスチャー洗顔料（ユニリーバ・ジャパン）

［成分］水、ココイルグリシンK、グリセリン、ワセリン、ヤシ脂肪酸K、ラウロアンホ酢酸Na、ヒドロキシプロピルデンプンリン酸、アクリレーツコポリマー、ラウリン酸、ラウラミドプロピルベタイン、ステアリン酸、フェノキシエタノール、ココイルイセチオン酸Na、塩化Na、香料、ポリクオタニウム-7、ヒドロキシエチルウレア、❗BHT、❗EDTA-4Na、ヤシ脂肪酸、ジラウリン酸PEG-4、ラウリン酸PEG-4、イセチオン酸Na、ナイアシンアミド、ブチルカルバミン酸ヨウ化プロピニル、❗PEG-4、❗安息香酸Na、酢酸トコフェロール、ヤマザクラ花エキス、ラウロイルラクチレートNa、ペンチレングリコール、❗ソルビン酸K、クエン酸Na、クエン酸、アセチルヒアルロン酸Na、セラミドNP、ヒアルロン酸Na、フィトスフィンゴシン、セラミドAP、キサンタンガム、コレステロール、ヒアルロン酸クロスポリマーNa、カルボマー、エチルヘキシルグリセリン、加水分解ヒアルロン酸Na、セラミドEOP、❗酸化チタン

△

肌クリーム

一度試してみて、肌への影響を確認してから

美容液や乳液、クリーム、日焼け止めなどを1本でこなすという、ＢＢクリーム。「便利なので使っている」という人も少なくないでしょう。写真の製品には、「うるおいケアしながら、シミ・くすみもナチュラルにカバー。紫外線から肌をしっかりまもり、みずみずしい透明感のある肌が続く美白ＢＢクリーム」と表示されています。

しかし、いくつもの働きがあるということは、それぞれの働きをもつ成分が含まれるということです。見ての通り、その成分の数の多さに圧倒される思いです。

数多い成分の中でも気になるのは、やはり「ＢＨＴ（ジブチルヒドロキシトルエン）」と「酸化チタン」です。ＢＨＴについては、洗顔料の項で述べたように、動物実験の結果から、発がん性が疑われています。また、**酸化チタンは紫外線を防止するために配合されていると考えられますが、これも動物実験の結果から、発がん性が疑われています。**

ただし、これらは動物に経口投与したり、吸入させたりした実験の結果であり、皮膚に塗った実験とは違います。皮膚は硬い角質層で覆われているため、影響は少ないと考えられますが、実際どうなのかは分かっていない状況です。

なお、ＢＨＴは表示指定成分の一つです。このほかに「メチルパラベン」もそうですが、成

分が多い割には、表示指定成分の数は少ないという印象を受けます。

一方、「ニベアクリーム」（ニベア花王）の場合、その働きは肌を保護して肌荒れやかさつきを防ぐ、というものです。そのためそれほど多くの成分は含まれていません。表示指定成分は「安息香酸Na」が含まれています。これについては、第1章の栄養ドリンクの項で述べたように、毒性が強く、またビタミンCと反応して発がん物質に変化します。

肌に対する刺激はかなり個人差がありますので、いずれの製品にしても一度試してみて、肌荒れを起こすかなどをよく見きわめて、使っていくかどうか判断したらいいと思います。

●雪肌粋パーフェクトBBクリーム（コーセー）

［**成分**］水、シクロメチコン、❗メトキシケイヒ酸エチルヘキシル、パルミチン酸オクチル、メチルトリメチコン、エタノール、グリセリン、PEG-9ポリジメチルシロキシエチルジメチコン、メチレンビスベンゾトリアゾリルテトラメチルブチルフェノール、タルク、センキュウエキス、トコフェロール、ハトムギ種子エキス、ビワ葉エキス、BG、❗BHT、イソノナン酸イソトリデシル、シリカ、❗ジエチルアミノヒドロキシベンゾイル安息香酸ヘキシル、ジステアルジモニウムヘクトライト、ジメチコン、ステアラルコニウムヘクトライト、ステアロイルグルタミン酸2Na、ダイマージリノール酸（フィトステリル／イソステアリル／セチル／ステアリル／ベヘニル）、テトラ（ジ-t-ブチルヒドロキシヒドロケイヒ酸）ペンタエリスリチル、トリエトキシカプリリルシラン、ハイドロゲンジメチコン、ポリイソプレン、ポリプロピレン、メタクリル酸メチルクロスポリマー、ラウリルPEG-9ポリジメチルシロキシエチルジメチコン、ラウリン酸ポリグリセリル-10、塩化Na、水酸化Al、フェノキシエタノール、❗メチルパラベン、香料、❗酸化チタン、酸化亜鉛、酸化鉄

△

ボディミルク

表示指定成分なしの製品もある

ボディミルクは全身に使うものなので、できるだけ刺激性の弱い、そして表示指定成分の少ない製品がよいでしょう。写真の製品のボトルには、「ミルクがクッションのように乾燥から肌を守り、うるおいが奪われるのを防ぎます。角層深くまで浸透したうるおいが、すみずみまで行き渡り、なめらか肌が一日長続き」と書かれています。

つまり、乳液に含まれる成分が肌を薄く覆って、水分が奪われて乾燥するのを防ぎ、さらに角質層まで浸透して、その影響によっても肌がなめらかに保たれる、というわけです。

全般的に刺激性のある成分はそれほど含まれていません。ただし、表示指定成分が二つ含まれています。ＥＤＴＡ－２Ｎａ（エデト酸二ナトリウム）とメチルパラベンです。**ＥＤＴＡ－２Ｎａは酸化防止剤で、成分が酸化して変質するのを防ぐのが目的。メチルパラベンは防腐剤です。**

前述のように表示指定成分とは、皮膚炎、アレルギー、がんなどを起こす可能性があるとして、旧厚生省（現・厚生労働省）がリストアップした化学物質で、全部で１００種類以上あります。それらが化粧品や医薬部外品に含まれていた場合、表示が義務付けられています。敏感肌の人は、表示指定成分が入った製品には注意して下さい。

一方、肌に対する刺激が弱いとされる「ミノン　全身保湿ミルク」（第一三共ヘルスケア）。

「0歳から使える」というシールが貼られています。またボトルには、「アレルギーの原因物質を極力カット」「アレルギーテスト済み（全ての方にアレルギーが起こらないということではありません）」と表示されています。この製品には、表示指定成分は含まれていません。その点は安心できるのですが、「水酸化Na」が含まれる点が多少気になります。水酸化Naはたんぱく質変成作用が強く、皮膚を溶かすことがあるからです。

「0歳から使える」とはっきり表示しているので、水酸化Naは他の成分と化学反応を起こして（中和して）、残っていないと考えられます。ただし、試しに使ってみて、もし皮膚に刺激を感じたり、荒れるという場合は、使用を止めたほうがよいでしょう。

●ニベアスキンミルク〈ボディ用乳液〉（ニベア花王）

［**成分**］水、グリセリン、ミネラルオイル、トリ（カプリル酸／カプリン酸）グリセリル、セタノール、シクロペンタシロキサン、ジメチコン、ステアリン酸グリセリル、ステアリン酸PEG-40、シア脂、アルギニン、加水分解ヒアルロン酸、セラミドNG、クエン酸、❗EDTA-2Na、カルボマー、フェノキシエタノール、❗メチルパラベン、香料

△

ボディソープ

実は台所用洗剤と同じ成分が入っている

「ボディソープで毎日体を洗っている」という人はとても多いでしょう。しかし、刺激を感じたり、肌が荒れるということはないでしょうか？　実は［ビオレU］やそのほか多くのボディソープには、台所用洗剤に含まれる合成界面活性剤と同じものが入っているのです。それは「ラウレス硫酸Na」です。

台所用洗剤の主成分は、アルキルエーテル硫酸エステルナトリウムで、略してAES。**AESには何種類かあって、代表的なものがポリオキシエチレンラウリルエーテル硫酸ナトリウムですが、その化粧品成分名が「ラウレス硫酸Na」なのです。**ボディソープは化粧品の部類に入るので、この名前が使われているのです。実はこれは表示指定成分の一つです。

AESには、皮膚刺激性があります。ポリオキシエチレンラウリルエーテル硫酸ナトリウム、すなわちラウレス硫酸Naの0・25％溶液をヒト29人に対して48時間貼付した実験で、6人にかすかな紅斑が、1人に明瞭な紅斑が、1人にひじょうに強い刺激反応が認められました。皮膚がデリケートな人は、それだけ刺激を感じると考えられます。

さらに［ビオレU］の場合、ほかにもラウレス-16やラウレス-4（どちらも合成界面活性剤の一種）、水酸化Na、また表示指定成分の安息香酸Naも含まれます。［ダヴボディウオッシュ］

●ビオレU（花王）

［**成分**］水、ラウレス-4カルボン酸Na、❗ラウレス硫酸アンモニウム、ラウリルグルコシド、ラウラミドプロピルベタイン、PG、ジステアリン酸グリコール、エタノール、ラウリン酸、コカミドMEA、PEG-65M、（ジメチルアクリルアミド/メタクリル酸ラウリル）コポリマー、ポリクオタニウム-39、PPG-2ヒドロキシプロピルトリモニウムセルロース、PEG-14M、❗ラウレス-16、❗ラウレス-4、❗ラウレス硫酸Na、アルムK、エチルヘキシルグリセリン、リンゴ酸、クエン酸、❗水酸化Na、❗安息香酸Na、フェノキシエタノール、香料

（ユニリーバ・ジャパン）などほかのボディソープも、ラウレス硫酸Naなどの刺激性の成分が含まれています。ボディソープを使って体を洗った後にお湯で洗い流しても、完全にはそれらの成分を流しきれないでしょう。そのため人によっては、刺激感が残ることがあります。

「では、どうすればいいの？」と思うでしょうが、私としては、無添加石けんをおすすめします。成分は、「脂肪酸ナトリウム」のみで、実際上無毒であり、皮膚への刺激が少なく、分解されやすいため、環境に対する負荷も少ないのです。ボディソープ成分で一番多いのは水で、プシュプシュして使っているとしばらくしてなくなってしまいますが、石けんは固形分なので長持ちします。詳しいことは、第3章の無添加石けんの項を参照して下さい。

△

シャンプー

髪の表面や毛根部へのダメージが心配される

ボディソープに配合されている「ラウレス硫酸Na」は、写真の「キュレル　シャンプー」のほか、多くのシャンプーにも配合されています。これは、アルキルエーテル硫酸エステルナトリウム（AES）の一種のポリオキシエチレンラウリルエーテル硫酸ナトリウムのことですが、皮膚刺激性があるため、地肌を赤くしたり、刺激感をもたらしたりすることがあります。なお、これは表示指定成分の一つでもあります。

また、「キュレルシャンプー」には、表示指定成分の「安息香酸塩」と「エデト酸塩」、さらに水酸化ナトリウムが含まれます。**ただし、水酸化ナトリウムは、他の成分と化学反応して（中和して）、残留はしていないと考えられます。**

一方、「いち髪」（クラシエホームプロダクツ）にはラウレス硫酸Naは含まれていません。その点では、刺激性は少ないといえますが、表示指定成分の「EDTA-2Na（エデト酸二ナトリウム）」と「安息香酸Na」が含まれているので、やはり刺激性がないとはいえないでしょう。

こうした合成界面活性剤や表示指定成分が配合されたシャンプーで髪の毛を洗っていると、まず髪の毛の表面を覆っているキューティクルが傷つく可能性があります。さらに、毛髪を作り出す毛根部にもダメージがおよぶ心配があります。

毛髪は、毛幹（毛の部分）と毛根部とに分類されます。毛根部では、毛細血管を通って運ばれてきた栄養素と酸素が毛乳頭に運ばれ、さらに毛母細胞に送られます。毛母細胞はいわば毛の元になる細胞で、その細胞が増殖して角化することによって毛が形成され、押し上げるように成長していくのです。そして、その表面にできるウロコ状のものがキューティクルです。

ところが、シャンプーに含まれるラウレス硫酸Naなどの合成界面活性剤、防腐剤や酸化防止剤などが毛穴の隙間から浸透して、毛乳頭や毛母細胞にダメージをあたえている可能性があります。それが日々繰り返されると、毛が作られにくくなって、結果的に薄毛になっていくと考えられます。

●キュレル（Curél）シャンプー（花王）

★医薬部外品

[**有効成分**]グリチルリチン酸ジカリウム

[**その他の成分**]水、❗ラウレス硫酸Na、ラウリルヒドロキシスルホベタイン液、アルキルグリコシド、POE（16）ラウリルエーテル、PPG、塩化トリメチルアンモニオヒドロキシプロピルヒドロキシエチルセルロース、❗安息香酸塩、ヤシ油脂肪酸エタノールアミド、ヤシ油脂肪酸アシルグルタミン酸Na、無水クエン酸、塩化ジメチルジアリルアンモニウム・アクリルアミド共重合体液、POE・POPジメチコン共重合体、エタノール、❗エデト酸塩、❗水酸化ナトリウム液、オレンジ油、❗水酸化ナトリウム、ユーカリ油

△

コンディショナー

地肌への影響は、どうか？

シャンプーで髪の毛を洗った後、「コンディショナーを使っている」という女性もいるでしょう。コンディショナーは、髪の毛の表面をコーティングして、保護するためのものです。髪の毛の表面にはキューティクルがありますが、それを保護することによって、ツヤを出したり、櫛通りをよくしたりするのです。

写真の製品のボトルには、「艶やかで髪の動きさえも美しい／ほどきたくなる絹髪へ」と、女性の気持ちをくすぐるような言葉が書かれています。「ジメチコン」などのシリコーン樹脂、「コメヌカ油」や「コメ胚芽油」などの油脂、「アシタバ葉／茎エキス」や「コメエキス」などの植物エキスなどで、髪の毛をコーティングすることによって、髪につやを出そうということでしょう。

シリコーン樹脂は、安全性は高いのですが、一時期、シャンプーに配合されているものが毛穴に詰まったり、毛髪にダメージを与えるということで話題になりました。ただし、それに対して反論も多く発表されました。そうこうしているうちに話題にならなくなったようです。

この製品には、表示指定成分がいくつも含まれています。「安息香酸Na」、「サリチル酸Na」、「メチルパラベン」がそうです。また、**「ラウレス-9」**、**「ラウレス-4」**、**「ラウレス-23」は**、

台所用洗剤などに配合されている、合成界面活性剤のポリオキシエチレンアルキルエーテル（POERまたはAE）の一種です。地肌への影響が心配されます。

一方、花王の「エッセンシャルザビューティ髪のキメ美容ヘアコンディショナー」の場合、「ジメチコン」や「ヒマワリ種子油」などが含まれています。「いち髪なめらかスムースケアコンディショナー」に比べて成分の数が少なく、表示指定成分は「ベンジルアルコール」が含まれています。「ラウレス-4」などのPOERは含まれていません。成分を見る限りでは、地肌への影響は少なそうです。

●いち髪なめらかスムースケアコンディショナー（クラシエホームプロダクツ）

［成分］水、ステアリルアルコール、ベヘナミドプロピルジメチルアミン、ジメチコン、ソルビトール、アシタバ葉/茎エキス、コメヌカ油、コメエキス、コメ胚芽油、ヒオウギエキス、ツバキ種子エキス、コメヌカエキス、グリコシルトレハロース、アモジメチコン、ベヘニルPGトリモニウムクロリド、乳酸、パラフィン、ビスジグリセリルポリアシルアジペート-2、加水分解水添デンプン、ベヘニルアルコール、エタノール、(C12-14) パレス-7、ヒドロキシエチルセルロース、(C12-14) パレス-12、❗ラウレス-9、水添ポリイソブテン、(ビスイソブチルPEG-14/アモジメチコン)コポリマー、BG、❗ラウレス-4、❗ラウレス-23、ステアリン酸PEG-55、(C12-14) パレス-5、グルタミン酸、クエン酸、トコフェロール、フェノキシエタノール、❗安息香酸Na、❗サリチル酸Na、❗メチルパラベン、香料、カラメル

△

トニックシャンプー

男性の薄毛の一因になっている!?

「洗うとサッパリする」ということで、トニックシャンプーを使っている男性もいるでしょう。ハッカの成分のメントールが含まれているため、そんな感じがするのです。

写真の製品のボトルには、「洗浄力が高く、ベタツキやニオイの原因となる皮脂まで徹底除去。さっぱり感が続きます」と表示されています。おそらく**洗浄力が高いのは、合成界面活性剤の「ラウレス硫酸Na」の量が多いからです**。なにしろ「水」の次に書かれています。

ラウレス硫酸Naについては、ボディソープの項で述べたように、合成界面活性剤のポリオキシエチレンラウリルエーテル硫酸ナトリウムのことです。それが毛や毛穴に付いた皮脂を落とすというわけです。しかし、毛根部への影響が心配されます。

つまり、ラウレス硫酸Naによって毛穴の皮脂を取り去ってしまうと、毛穴が無防備な状態になってしまいます。そのため合成界面活性剤やその他の化学合成物質が、そこから浸透しやすくなって、毛根部に影響をおよぼしやすくなります。ちなみにこの製品には、「ＥＤＴＡ－２Na」「安息香酸Na」、「メチルパラベン」などの表示指定成分が含まれています。

そしてその状態が繰り返されていると、毛髪の元になる毛母細胞がダメージを受けることになります。それが長期間続くと、毛髪の成長がだんだん悪くなっていきます。また、抜け毛にもつながります。そのため、しだいに薄毛になっていくと考えられるのです。

最近、男性用の増毛剤やウイッグの宣伝がテレビで盛んに行われています。それだけ需要が多いということでしょう。ということは、それだけ薄毛の人が増えているということです。その一因は、こうしたシャンプーにあると考えられます。

ちなみに私（１９５４年9月生まれ）は過去30年以上、市販のシャンプーで髪の毛を洗ったことがありません。無添加石けんで体も髪も洗っているのですが、毛根部へのダメージが少ないようで、69歳を過ぎても髪の毛はふさふさしています。「髪が薄くなってきた」と悩んでいる方は、今からでも遅くないので、無添加石けんで洗うようにしてみて下さい。

●サンスタートニック爽快頭皮ケアシャンプー（サンスター）

［成分］水、❗ラウレス硫酸Na、ソルビトール、コカミドプロピルベタイン、メントール、スルホコハク酸ラウレス2Na、コカミドメチルMEA、PEG-20ラノリン、ポリグリセリル-4ラウリルエーテル、ココイルイセチオン酸Na、スルホコハク酸（C12-14）s-パレス-7-2Na、ヒドロキシアルキル（C12-14）ヒドロキシエチルサルコシン、PCAイソステアリン酸PEG-40水添ヒマシ油、ショウガ根エキス、ガゴメエキス、ジヒドロキシプロピルアルギニンHCL、ポリクオタニウム-10、ポリクオタニウム-7、PPG-75-PEG-300ヘキシレングリコール、PG、クエン酸Na、クエン酸、塩化Na、エタノール、BG、❗EDTA-2Na、❗安息香酸Na、❗メチルパラベン、香料

△

頭痛・生理痛薬（第2類医薬品）

危険な着色料を含む製品は避けよう

第1章で「ロキソニンS」（第一三共ヘルスケア）を取り上げましたが、第1類医薬品であり、効果が高いけれども、強い副作用が出やすいというものでした。写真の「新セデス錠」は第2類医薬品であり、主成分は「アセトアミノフェン」です。これは100年以上にわたって世界的に使われている解熱鎮痛成分です。

アセトアミノフェンは、体温中枢に作用して末梢血管を拡張することで、体の外に熱を逃がして体温を下げます。また発熱や痛みの原因物質であるプロスタグランディンを作り出す酵素を阻害することによって、熱や痛みを抑えます。この鎮痛メカニズムは、「ロキソニンS」と変わらないわけですが、副作用の度合いが違います。

「新セデス錠」の副作用は、発疹、発赤、かゆみ、めまい、吐き気、嘔吐、食欲不振、過度の体温低下などで、一般の風邪薬とそれほど変わりません。ただし、まれに「アナフィラキシーショック」といって、激しいアレルギー症状が現れることがあります。服用後すぐに皮膚のかゆみ、蕁麻疹、息苦しさ、動悸、意識の混濁などが起こります。**これは、風邪薬などでも起こるものです。アレルギー体質の人は注意したほうがよいでしょう。**

添加物として、「乳糖水和物」など5種類が使われていますが、セルロースの類似物質が多く、毒性の強いものは含まれていません。

一方、「イブ　クイック頭痛薬DX」（エスエス製薬）の主成分は、「イブプロフェン」です。イブプロフェンも、プロスタグランディンの生成を抑えることによって、発熱や痛みを抑えます。副作用は、「新セデス錠」と似たようなものです。ただし、添加物として、発がん性の疑いのある着色料の「酸化チタン」を使っています。

また、「ナロンエースT」（大正製薬）も、主成分はイブプロフェンです。ただし、添加物として、タール色素の一種の「黄色5号」を使っています。これは発がん性の疑いがもたれているほか、人間に蕁麻疹を起こすことが知られています。

●新セデス錠（シオノギヘルスケア）★第2類医薬品

［効能・効果］頭痛・月経痛（生理痛）・歯痛・神経痛・腰痛・外傷痛・抜歯後の疼痛・咽頭痛・耳痛・関節痛・筋肉痛・肩こり痛・打撲痛・骨折痛・ねんざ痛の鎮痛／悪寒・発熱時の解熱

［用法・用量］成人（15才以上）1回2錠、小児（7才以上15才未満）1回1錠
1日3回を限度とする。なるべく空腹時をさけ、4時間以上の間隔をおいて水またはぬるま湯でおのみください

［成分・分量］（1錠中）エテンザミド 200mg、❗アセトアミノフェン 80mg、アリルイソプロピルアセチル尿素 30mg、❗無水カフェイン 40mg

［添加物］乳糖水和物、カルメロースカルシウム、クロスカルメロースナトリウム、ヒドロキシプロピルセルロース、ステアリン酸マグネシウム

風邪薬

かえって風邪の治りを遅くすることも

「風邪をひいたら風邪薬を飲む」という人は多いと思いますが、それはかえって風邪の治りを遅くする可能性があります。

「ベンザブロック」「パブロン」「ルル」など様々な製品がありますが、効能・効果はどれもほぼ同じです。「かぜの諸症状（鼻水、鼻づまり、のどの痛み、くしゃみ、せき、たん、悪寒（発熱によるさむけ）、発熱、頭痛、関節の痛み、筋肉の痛み）の緩和」です。主成分は解熱鎮痛剤で、アセトアミノフェンやイブプロフェンが使われています。しかし、解熱鎮痛剤はあくまで対症療法薬であり、熱や痛みを一時的に抑えるだけで、風邪を根本から治すものではありません。それどころか、かえって風邪の治りを遅くしてしまう可能性があります。

風邪をひいて熱が出るのは、体の免疫が風邪の症状を起こしているウイルスや細菌と戦っているためですが、免疫力は体温が高いほうが強まるのです。ですから、無理に薬で熱を下げるとその力が弱まってしまいます。また、風邪のウイルスは体温が高いほうが活動が弱まるので、薬で体温を下げてしまうと、活発になって治りが遅くなってしまうのです。

風邪薬の成分は、**解熱鎮痛剤も含めてすべて一時的に症状（せきやのどの痛み、鼻水、鼻づまり、頭痛など）を抑えるものにすぎず、根本から治すものではないのです。**

風邪は、主にライノウイルスやアデノウイルスなどの風邪ウイルスによって起こります。それらがのどや鼻から侵入して増殖すると、粘膜に炎症が起こります。そのため、のどの痛み、鼻水、せき、発熱、頭痛などの風邪症状が起こるのです。

ですから、風邪を根本から治すためには、風邪ウイルスを撃退しなければなりません。ところが、風邪薬ではそれができないのです。ウイルスは細菌よりも小さくて、人間や動物の細胞の中に入り込んで増殖します。残念ながら、風邪ウイルスを直接攻撃して、撃退する薬はないのです。

風邪ウイルスを撃退することができるのは、体の免疫です。したがって、免疫の働きを活発にすることが必要なのです。そのためには、体を温かく保ち、十分な睡眠と消化の良い栄養のあるものを食べて、免疫力を高めることが大切なのです。

◉ベンザブロックSプレミアム（アリナミン製薬）

★第2類医薬品

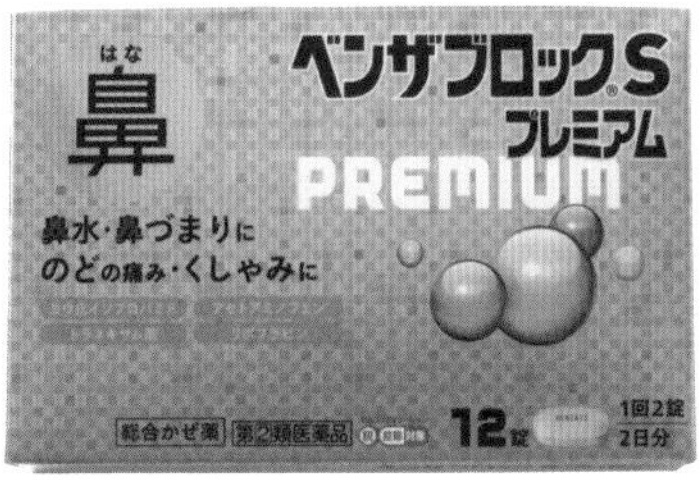

[効能]かぜの諸症状（鼻水、鼻づまり、のどの痛み、くしゃみ、せき、たん、悪寒（発熱によるさむけ）、発熱、頭痛、関節の痛み、筋肉の痛み）の緩和

[用法・用量]食後なるべく30分以内に水、またはお湯で、かまずに服用してください
15歳以上1回2錠、12歳 ~14歳1回1錠、1日3回。12歳未満は服用しないこと。

[成分]（6錠中）❗アセトアミノフェン 900mg、ヨウ化イソプロパミド 6mg、d-クロルフェニラミンマレイン酸塩 3.5mg、トラネキサム酸 420mg、ジヒドロコデインリン酸塩 24mg、dl-メチルエフェドリン塩酸塩 60mg、グアイフェネシン 250mg、❗無水カフェイン 75mg、リボフラビン（ビタミンB_2）12mg、ヘスペリジン 90mg

[添加物]セルロース、カルメロースCa、ヒドロキシプロピルセルロース、ステアリン酸Mg、トウモロコシデンプン、ヒプロメロース、コポビドン、タルク、❗酸化チタン、マクロゴール、三二酸化鉄

△ 目薬

箱に表示された添加物をチェック!

ドラッグストアには、写真の製品のほかに「新Ｖ・ロート」（ロート製薬）や「スマイル40」（ライオン）など実に様々な種類の目薬が並んでいます。最近はコンタクトレンズをする人が多いため、そうした人向けの目薬も多くなっており、写真の製品もそうです。

目薬の場合、目の疲れ、目のかすみ、結膜充血などを改善するためのものが多く、それを目的とした有効成分が各種含まれています。そのほかに「添加物」が何種類も含まれていますが、それらに問題のあるものがあります。

「ニューマイティアＣＬ」には、**エデト酸ナトリウム水和物が含まれます。これは表示指定成分の一つです。**旧厚生省（現・厚生労働省）が、皮膚炎やアレルギー、がんなどを起こす心配があるとして、医薬部外品や化粧品に表示を義務付けているものです。１００種類以上あり、エデト酸ナトリウムもその一つです。

一方、「新Ｖ・ロート」には、添加物として「ベンザルコニウム塩化物」が使われています。陽イオン界面活性剤（逆性石けん）の一種であり、強い殺菌力があるため防腐剤として使われているのです。しかし、眼刺激性があります。目薬を差した時に「目に染みる」「目が痛い」と感じたことのある人は多いと思いますが、その一因となっているものです。また角膜障害を起こす可能性もあります。このほか「ポリソルベート80」という乳化剤（水と油などを混じりやすくする）が含まれていますが、これは動物実験の結果から発がん性が疑われています。

「スマイル40」には、添加物として「ＢＨＴ」と「ポリソルベート80」が使われています。ＢＨＴ（ジブチルヒドロキシトルエン）については、リップクリームの項で解説したように、マウスを使った実験によって、発がん性が認められています。一方で、がんが発生しなかったという実験結果もありますが、発がん疑惑物質であることは間違いありません。

これらの添加物は、ほかの目薬にも使われています。箱には添加物が表示されているので、眼刺激性や発がん性の疑いのある物質を含む製品は避けたほうがよいでしょう。

◉ニューマイティアCL（千寿製薬）★第3類医薬品

［効能］ソフトコンタクトレンズまたはハードコンタクトレンズを装着しているときの不快感、涙液の補助（目のかわき）、目の疲れ、目のかすみ（目やにの多いときなど）

［用法・用量］1回2〜3滴を1日5〜6回点眼してください

［有効成分］（1mL中）塩化ナトリウム 5.5mg、塩化カリウム1.5mg、ブドウ糖 0.05mg、タウリン 1mg

［添加物］ホウ酸、ホウ砂、ヒプロメロース、❗エデト酸ナトリウム水和物、ポリオキシエチレン硬化ヒマシ油60、アルキルジアミノエチルグリシン塩酸塩、pH調節剤

△

便秘薬

大腸のぜん動を促して便秘を改善

便秘は辛いものです。お腹に何か溜まっているようですっきりしません。また、便に含まれる毒性物質が腸から吸収されるので、その点でもよくありません。便秘は、食物繊維の多い野菜、果物、イモ類、キノコなどを食べるようにするか、プレーンヨーグルトを食べて腸内環境を改善することで、治すべきです。ただし、それでも治らない場合は、薬に頼らざるを得ないでしょう。

写真の「タケダ漢方便秘薬」は、漢方薬草のダイオウとカンゾウのエキスを錠剤化したものです。箱には「漢方処方『大黄甘草湯』の便秘薬です。大腸がもともと持っているぜん動運動を促すことで便をスムーズに運び出します」と書かれています。**大黄（ダイオウ）は、漢方薬の中でもとくに下剤効果があるものです。**ちなみに、「大黄甘草湯」は、便秘に適用される一般的な漢方処方です。

漢方薬の特徴は、体の臓器や組織の機能を改善することで、症状を回復させるという点です。「大黄甘草湯」も大腸の鈍ったぜん動運動を活発化させて、便の出をよくするのです。

一方、西洋薬（現代薬）の場合、解熱鎮痛剤や風邪薬、下痢止めにしても、主に臓器や組織の機能をブロックすることによって、症状の悪化を防いだり、抑えるというものです。これは

●タケダ漢方便秘薬（アリナミン製薬）

★第2類医薬品

[**効能**]便秘、便秘に伴う腹部膨満・ふきでもの（にきび）・腸内異常醗酵・痔・頭重・のぼせ・湿疹・皮膚炎・食欲不振（食欲減退）などの症状の緩和

[**用法・用量**]次の量を1日1回、就寝前に水またはお湯で、かまずに服用してください
軽い便秘（2~3日便通がないとき）15歳以上：1錠～3錠、5歳～14歳：半錠~1錠半
頑固な便秘（4日以上便通がないとき）15歳以上：2錠～4錠、5歳～14歳：1錠~2錠
5歳未満：服用しないこと

[**成分**]（4錠中）大黄甘草湯エキス散 800mg（ダイオウ 1067mg・カンゾウ 267mgより抽出）

[**添加物**]無水ケイ酸、セルロース、カルメロースCa、ステアリン酸Mg

いわば対症療法であり、一時しのぎにすぎません。

なお、「タケダ漢方便秘薬」には、無水ケイ酸やセルロースなどの４種類の添加物が含まれていますが、これらはいずれも安全性の高いものです。

一方、便秘薬としてよく知られる「コーラックⅡ」（大正製薬）ですが、こちらはいわば現代薬です。成分は「ビサコジル」と「ジオクチルソジウムスルホサクシネート（ＤＳＳ）」で、説明書によると、前者は「大腸を直接刺激し、低下している腸のぜん動運動を高めます」、後者は「硬くなった便に水分をふくませ適度に軟らかくします」とのことです。

これらは悪い働きではないのですが、添加物として「酸化チタン」と「赤色３号」が使われています。酸化チタンは、動物実験の結果から発がん性が疑われています。赤色３号は、タール色素の一種で、動物実験の結果やその化学構造から、発がん性が疑われています。

△

台所用洗剤

手が荒れるのは、合成界面活性剤が原因！

「台所用洗剤を使うと手が荒れる」という人は少なくないでしょう。台所用洗剤を使って、お皿や茶碗などを素手で洗うと、手の甲の皮膚がピリピリ痛んだり、荒れたりします。その原因は、配合されている合成界面活性剤です。

台所用洗剤の主成分は、アルキルエーテル硫酸エステルナトリウム（AES）が多くなっています。写真の「ジョイ W除菌」のほか、ライオンの「チャーミーグリーン」など多くの台所用洗剤に配合されています。AESは、水の硬度に影響を受けにくく、泡立ちもよいのですが、たんぱく質変性作用があり、そのため皮膚に刺激性があるのです。

ボディソープの項で述べたように、AESの0・25％溶液を、ヒト29人に対して48時間貼付した実験では、6人にかすかな紅斑が、1人に明瞭な紅斑が、1人にひじょうに強い刺激反応が認められました。つまり29人中8人（27・6％）に刺激性が認められたのです。

このデータは、旧・厚生省環境衛生局食品化学課編著『洗剤の毒性とその評価』（日本食品衛生協会刊）に載っているものですが、同著には「AESは高濃度では刺激性を示し、その閾値は1回の流布で濃度5％以上、反復流布では1％付近、1回閉塞貼付では0・1％付近と推定される」と書かれています。

●ジョイ W除菌（P&Gジャパン合同会社）

［用途］食器・調理器具、（除菌）スポンジ

［成分］界面活性剤（30% ❗アルキルエーテル硫酸エステルナトリウム、❗ポリオキシエチレンアルキルエーテル、アルキルグリコシド、アルキルアミンオキシド）、安定化剤、粘度調整剤

「ジョイ W除菌」には、合成界面活性剤のポリオキシエチレンアルキルエーテル（POERまたはAE）も配合されています。**POERはヒトに対する影響は弱いのですが、魚への影響が大きいという問題があります。**1983年に横浜市の団地内を流れる川でコイの大量死が発見され、市の公害研究所（当時）が調べたところ、川の水からPOERが19ppm（ppmは100万分の1を表す濃度の単位）検出されました。そこで、POERの19ppm溶液を作ってコイを入れると、2分以内に死んでしまい、えらの病理変化が川で死んでいたコイと同じでした。そのため川のコイの死因は、POERと断定されたのです。

スーパーには、洗剤を使わずに油汚れも落とせるスポンジが売られていて、私も使っています。お皿やフライパンに付いた油はほぼ落とせます。どうしても落ちにくい時は、台所用の石けん洗剤（生協などで販売されている）を使えばよいでしょう。

△

洗濯洗剤

人体や環境への影響が気になる

「嵐」メンバーの二宮和也のテレビＣＭでおなじみの「スーパーナノックス」。洗浄成分の量が多いので、少しの量で洗濯できるのがウリです。しかし、毒性の強い合成界面活性剤が使われているので、注意が必要です。

この製品には汚れを落とす成分、すなわち合成界面活性剤が４種類配合されていて、その一つが「直鎖アルキルベンゼンスルホン酸塩」、略称ＬＡＳです。ＬＡＳは合成界面活性剤の中では最も毒性が強く、最近では、洗濯洗剤に配合されない傾向になっています。

ＬＡＳについては、１９７０年代前半に三重大学の三上美樹教授（当時）が、動物実験によって催奇形性《さいきけいせい》（胎仔に障害を起こす毒性）のあることが認められたというデータを公表したため、その使用の是非をめぐって社会的な問題となりました。

そこで、京都大学、広島大学、名古屋大学、三重大学の四大学による催奇形性に関する合同実験が実施されました。それぞれの大学で、妊娠ラットに対して、ＬＡＳの溶液を皮膚に塗る、または経口投与して、胎仔に障害が発生するかどうかを調べたのです。その結果、三重大学の実験では、胎仔に胸骨の異常などが見られたため、「催奇形性がある」との判断が下されました。しかし、ほかの三大学の実験では、明らかな異常が認められませんでした。そのため、最

●スーパーナノックス（ライオン）

［用途］綿・麻・合成繊維のお洗濯用

［成分］界面活性剤（54%ポリオキシエチレン脂肪酸メチルエステル、❗ポリオキシエチレンアルキルエーテル、❗直鎖アルキルベンゼンスルホン酸塩、❗アルキルエーテル硫酸エステル塩）、安定化剤、pH調整剤、酵素

終的には「LASに催奇形性はない」という結論に至りました。

LASは石けん（脂肪酸ナトリウム）やほかの合成界面活性剤に比べると分解されにくく、河川や湖沼を汚染するという問題もあります。とくに魚への影響が大きく、その生息数を減らしている可能性があります。また、動物プランクトンや植物プランクトンにも悪影響をおよぼしていると考えられます。

この製品には、ほかにアルキルエーテル硫酸エステル塩（AES）が配合されています。台所用洗剤の項でも述べたように皮膚刺激性があります。またポリオキシエチレンアルキルエーテル（POERまたはAE）については、やはり台所用洗剤の項で述べたように魚に対する毒性が強いことが分かっています。

なお、P&Gの洗濯洗剤「アリエールジェルボール」にもLASとAESとPOERが配合されています。一方、花王の「アタックゼロ」にはLASは配合されていませんが、POERなど4種類の合成界面活性剤が配合されています。

△

柔軟剤

フワフワ感の正体は、合成界面活性剤なり

P&Gの製品の中で、「ファブリーズ」と並んで、テレビでCMを見ることの多いのが柔軟剤の「レノア」です。衣類の汚れを洗濯して落とすことは必要ですが、柔軟剤を使ってフワフワ感を出すことは必ずしも必要とはいえません。したがって、繰り返し宣伝をして消費者にアピールして買ってもらわなければならないのです。しかし、柔軟剤を使うということは、衣類に合成界面活性剤が残るということなのです。

洗濯の際に柔軟剤を投入すると、タオルや衣類などにフワフワ感やなめらかさが得られますが、どうしてなのか不思議に思いませんか？　実はこれは合成界面活性剤のある性質を利用したものなのです。

柔軟剤に配合されている合成界面活性剤は、陽イオン系のものです。つまり、水に溶けた時プラスの電気が帯電するのです。写真の「レノア　超消臭」の成分は、「エステル型ジアルキルアンモニウム塩」という合成界面活性剤ですが、これがまさしく陽イオン系です。ちなみに洗濯洗剤に使われているのは、マイナスに帯電する陰イオン系、あるいは帯電しない非イオン系が多くなっています。

繊維は水の中に入ると、表面がマイナスに帯電します。そこに陽イオン系の合成界面活性剤

●レノア　超消臭（P&Gジャパン合同会社）

［用途］衣料品用（綿・毛・絹・化学繊維）

［成分］界面活性剤（!エステル型ジアルキルアンモニウム塩）、安定化剤、香料

が加わると、プラスの部分がマイナスに帯電した繊維に引き寄せられます。つまり、繊維の周りに合成界面活性剤がくっ付いたような状態になるのです。

すると、繊維同士が直接接触するということが少なくなります。そのため、繊維間の摩擦が少なくなるため、繊維同士の滑りがよくなります。このことが、繊維のすべすべしたような、なめらかなような感触を生みだすのです。なお、花王の柔軟剤「ハミング」の成分も、同じくエステル型ジアルキルアンモニウム塩です。

柔軟剤を使うと、衣類に合成界面活性剤が残ることになるので、敏感肌の人は注意が必要です。また柔軟剤には香料が添加されていることが多く、一時期そのにおいで気分が悪くなる人が続出して、社会的な問題となりました。いわゆる「香害」問題です。そこで、製造企業はにおいの弱い香料を使ったり、無香料にするなどの対策をとりました。ただし、今も香料が入った製品が多い状況です。

△ お風呂用洗剤

台所用洗剤と同じ成分の製品も

「お風呂洗いには、お風呂用洗剤を使っている」という人も少なくないでしょう。洗濯洗剤を使うわけにいかないし、台所用洗剤も使えないので、「バスマジックリン」や「ルックプラスバスタブクレンジング」（ライオン）を使うということになるのでしょう。

「バスマジックリン」の主成分は、合成界面活性剤の一種の「アルキルベタイン」です。AES（アルキルエーテル硫酸エステルナトリウム）やLAS（直鎖アルキルベンゼンスルホン酸ナトリウム）に比べて、皮膚や目に対して低刺激性であるという特徴があります。

ヒトに対して行われた試験では、歯磨き剤に使われている合成界面活性剤の「ラウリル硫酸ナトリウム」に比べて、皮膚刺激性が低いという結果になっています。また、ウサギを使った実験では、非刺激剤に分類されたとのことです（いずれも『化粧品成分オンライン』による）。

ただしこの製品の場合、**泡調整剤や金属封鎖剤などが使われていて、それらの具体名が表示されていません**。金属封鎖剤については、エデト酸塩が使われている可能性が高く、これは表示指定成分の一つです。また除菌剤は、雑菌を除去するというものですが、皮膚の細胞にも影響することが心配されます。

一方、「ルックプラスバスタブクレンジング」ですが、成分は「界面活性剤（3％ポリオキシエチレンアルキルエーテル）、金属封鎖剤、溶剤、pH調整剤」です。

　ポリオキシエチレンアルキルエーテル（ＰＯＥＲまたはＡＥ）については、台所用洗剤の項で述べたように、人に対する影響は低いのですが、魚に対する影響が大きいという問題があります。下水道や合併浄化槽が設置されていない場合、家庭で使われた排水がそのまま河川に流れ込むことになります。その結果、生息するコイやフナなどの魚類に悪影響をおよぼすことになるでしょう。

●バスマジックリン　スーパークリーン（花王）

［成分］界面活性剤（6%❗アルキルベタイン）、泡調整剤、❗金属封鎖剤、除菌剤、粘度調整剤、安定化剤

△

スプレー消臭剤

必要ないものほど、宣伝しないと売れない

あえてスプレー消臭剤を買って使う必要はありません。ソファや靴の中など、洗うことがなかなかできないものには、値段の安い重曹を利用して消臭すればよいでしょう。

毎日のように「ファブリーズ」のテレビＣＭが流されています。「必要ない製品ほど宣伝しないと売れない」という商業の鉄則にまさしくピッタリ当てはまるのが、「ファブリーズ」です。こんな製品はなくても困りません。そのため、いかにも便利で必要であるかのごとく消費者の頭に刷り込まなくてはなりません。それで繰り返し繰り返し、テレビＣＭを流しているのです。ＣＭにかかる費用は、すべて製品に転嫁されています。ちなみに、写真の「ファブリーズ　プレミアム」は、１本（３７０㎖）が５４８円（税込み）でした。

「ファブリーズ」は１９９８年９月からテスト発売され、翌99年3月から全国発売されました。キャッチフレーズは「トウモロコシ生まれの消臭成分」。これはトウモロコシから作られた環状糖類（サイクロデキストリン）で、分子的にはドーナツ状の化学構造をしていて、中に空洞の部分があり、そこに臭い成分を取り込んで、消臭するというものでした。

その後「ファブリーズ除菌プラス」が発売され、これには第四級アンモニウム塩系の除菌成分（第4章第四級アンモニウム塩の項参照）が加えられました。そして、さらに次々に新しいタイ

●ファブリーズ　プレミアム（P&Gジャパン合同会社）

［品名・用途］衣類・布製品用消臭剤

［成分］消臭成分、除菌成分、香料

プの「ファブリーズ」が売り出され、現在にいたっているのです。しかし、**除菌成分の入っている製品が多く、それが目に入ったり、吸い込んだりした場合の影響が心配されます**。花王の「リセッシュ」は、「ファブリーズ」に対抗して発売されたもので、内容的には似ています。

はっきりいって、「ファブリーズ」も「リセッシュ」も必要ありません。ソファや靴の中、スーツの脇などのにおいが気になる方もいると思いますが、そんな方には、重曹（炭酸水素ナトリウム）をスプレーとして使うことをおすすめします。重曹は安全性が高く、価格も安く、消臭効果も優れているからです。

重曹スプレーの作り方はいたって簡単。スプレー容器に水約200㎖を入れ、そこに重曹を8g程度加えてよく振って混ぜます。これで出来上がりです。重曹は「ファブリーズ」に比べると、極めて低価格です。第3章で紹介している製品は、1袋（600g入り）が217円（税込み）。この製品一つで、単純計算で200㎖の重曹スプレーを75本作れることになります。

置き型消臭剤

香料によるマスキング効果が大きそう

親族や知人の家を訪ねた時に、［消臭元］や［消臭力］などの置き型消臭剤が、玄関やリビングなどに置かれているのをよく見かけます。消臭効果を感じているのかどうかは分かりませんが、とにかく置くものだと思い込まされているようです。

［消臭元］は、アミノ酸系消臭剤などの成分が浸み込んだろ紙を製品から引き揚げて、そのまま部屋に置いておくと、「しっかり消臭」（ボトルの表示）するのだといいます。しかし、不思議なことがあります。部屋のにおいを消すためには、そのろ紙を空気が通過しなければならないはずです。

部屋の開け閉めなどによって、少しは空気の流れができて、ろ紙を通過することはあると考えられますが、その空気の量は部屋全体の空気に比べるとわずかです。これでは、おそらく部屋全体を消臭するということは難しいでしょう。**実際には香料による「マスキング効果」が大きいと考えられます。**つまり、香料のにおいによって、部屋のにおいが紛らわされるということです。

一方、［消臭元］のライバルである［消臭力］（エステー）の成分は、「無機系消臭剤、香料、界面活性剤（非イオン、陰イオン）」です。エステーのホームページには、「キャップ中のろ紙にはナノパウダー（ナノレベルの孔を持つ、悪臭を吸着する消臭剤）が配合されています。ナノパウダーがさまざまな悪臭をすばやく強力に吸着し、消臭します」と書かれています。なお、「ナノ」とは10億分の1を示す言葉で、それだけ「小さい、細かい」という意味を持っています。

この製品も、部屋の空気がナノパウダーを含むろ紙を通過することによって消臭することになるので、「消臭元」と同じことがいえます。やはり、実際には香料によるマスキング効果が大きいと言えるでしょう。

我が家では、居間やトイレには、重曹（炭酸水素ナトリウム）をお皿に盛って置いています。重曹は昔から消臭効果があるといわれていて、どういうメカニズムかは分かりませんが、確かに部屋やトイレに漂うにおいが取れます。重曹は食品添加物や胃腸薬としても使われており、安全性が高く、値段も安いので、一度試してみてはいかがでしょうか。

●消臭元（小林製薬）

[**用途**]室内用

[**成分**]アミノ酸系消臭剤、香料、界面活性剤(非イオン、陰イオン)、色素

△ 虫よけスプレー

虫は避けられるが、人体への影響は!?

「外遊びやキャンプの際に虫よけスプレーを使っている」という人もいるでしょう。写真の製品以外にも、様々な虫よけスプレーが売られていますが、有効成分はほとんどが「ディート」という物質です。**ディートは、アメリカ軍が兵士を蚊から守るために開発された薬剤で、１９９０年８月に勃発した湾岸戦争でも使われました。しかし、その後帰還した兵士の一部に、記憶力減退、頭痛、疲労感、皮疹などの症状が現れ、ディートとの関係が疑われました。**

そこで、アメリカのデューク大学では、ラットにディートを皮膚に塗る実験を行い、感覚運動機能の異常、神経伝達系への影響、大脳皮質や小脳の神経細胞死などが観察され、その結果は２００１年と２００４年に公表されました。ただし、この実験に対しては、「実験方法に不備がある」「常に少数例で論じられていて、再現性に乏しい」などの問題点が指摘されました。

日本の厚生労働省では、この実験結果などを踏まえて、「６か月未満の乳児には使用しないこと」という注意点を表示させることを決めましたが、使用を禁止するには至りませんでした。しかし、スプレーした際に吸い込むこともあるので、不安が残ります。

最近ではディートに代わって、「イカリジン」という有効成分を配合した虫よけスプレーが売られています。たとえば、「天使のスキンベープミストプレミアム」（フマキラー）がそうです。

この成分を使った製品の場合、「6か月未満の乳児には使用しないこと」という使用制限がありません。

しかし、ラットに対して体重1kgあたり、50、100、200mgのイカリジンをそれぞれ剃毛背部皮膚に1日1回、週5日間塗り、それを1年間または2年間続けた実験で、どの投与群でも表皮の肥厚または過角化症が見られたほか、2年間の200mg投与群では、肝臓の嚢胞《のうほう》様変性が見られました（独立行政法人・医薬品医療機器総合機構の『審査報告書』より）。

ネット上では様々な「手作り虫よけスプレー」の作り方が紹介されていて、その一つにハッカ油を使ったものがあります。ちなみにハッカ油に含まれるメントールの香りは、虫が嫌うとされています。ハッカ油5～7滴、無水エタノール（消毒用エタノールでも可）10mℓをスプレー容器（ポリスチレン製以外のもの）に入れて混ぜ、さらに精製水（水道水でも可）90mℓを加えて混ぜます。これで完成です。ただし、メントールに過敏な方は注意して下さい。

●アースサラテクト　無香料（アース製薬）

★防除用医薬部外品

［効能・効果］蚊、ブユ（ブヨ）、アブ、ノミ、イエダニ、マダニ、サシバエ、トコジラミ（ナンキンムシ）、ヤマビルの忌避

［年齢による使用の目安］12才以上：使用回数制限なし（適宜使用すること）、2才以上12才未満：1日1～3回、6ヵ月以上2才未満：1日1回、6ヵ月未満：使用しないこと

［有効成分］1缶（200mL）中❗ディート4g（原液換算10%）

［その他の成分］無水ケイ酸、DPG、ヒアルロン酸Na（2）、アスコルビン酸（ビタミンC）、加水分解コラーゲン末、ステアロイルフィトスフィンゴシン（セラミド）、グリセリン脂肪酸エステル、無水エタノール、LPG、その他1成分

蚊取り製品

化学物質に敏感な人は要注意

「夏は蚊取り製品を使っている」という家庭は多いでしょう。様々な製品がありますが、写真の「アースノーマット」はもっともポピュラーなものと言えるでしょう。1日に12時間使用して、1本で約60日間使えるとのこと。

有効成分は、ピレスメイド系殺虫剤のメトフルトリンです。揮発性が高いのが特徴で、空間に広がって、蚊を退治します。

ピレスロイド系殺虫剤は、除虫菊に含まれる殺虫成分のピレトリンを真似て化学合成されています。一般に人間に対する毒性は弱いとされていますが、それでも一度に大量に吸い込むと、悪心（気分が悪くなること）、嘔吐、下痢、頭痛、耳鳴り、強い眠気などが見られ、重症になると、呼吸障害やふるえなどを起こすこともあります。また、皮膚過敏症や気管支ぜんそく、鼻炎、結膜炎などを起こすこともあります。

一方、昔から売られている蚊取り線香の「金鳥の渦巻」（大日本除虫菊）の成分は、ピレスロイド系殺虫剤のアレスリンです。アレスリンは、蚊やハエに特に効果があるとされています。また速効性があります。その他の蚊取り製品も、ほとんどがピレスロイド系殺虫剤が有効成分となっています。

蚊取り製品から発される殺虫成分は、部屋の中に拡散することになります。化学物質に敏感な人の場合、それを吸い込んで化学物質過敏症に陥ることが考えられます。

化学物質過敏症は、ごく微量な化学物質を吸い込むことによって、頭痛、めまい、吐き気、目やのどの痛み、動悸などの症状を起こすというものです。いわば化学物質に対する拒否反応が、そうした症状となって現れると考えられます。したがって、化学物質に敏感な人は、蚊取り製品の使用はやめたほうがよいでしょう。

そうでない人の場合、一度使ってみて、様子を見ながら使うのを続けるかどうか、決めるようにしたらよいでしょう。

●アースノーマット（アース製薬）

★防除用医薬部外品

［**効能・効果**］蚊成虫の駆除、侵入防止

［**有効成分**］❗メトフルトリン 148.5mg/本

［**その他の成分**］1号灯油、流動パラフィン

［**内容量**］45mL（第三石油類・火気注意）

△

涼感スプレー

アルコールやメントールに敏感な人は注意

企業の第一目標は利益を上げることですから、消費者にとってプラスであろうとなかろうと、売れそうなら何でも開発して売り出します。まさに涼感スプレーもそんな製品の一つです。暑さを感じた時に、肌に直接スプレーすると、肌の温度が下がって、いわゆる「涼感」を感じるというものです。

しかし、果たしてこんな製品が本当に必要なのでしょうか？　ハンカチやタオルを水で濡らして、首筋や腕などに当てれば、「涼感」は十分得られます。それに、肌荒れやかぶれなどの皮膚炎を起こさないのか、気になります。

成分のエタノールは肌に付着すると、気化して熱を奪います。そのため一時的に温度が下がり、冷涼感を得られるのです。またメントールは、その感覚を増幅させます。しかし、これらに敏感な人がいます。そのためパッケージには「メントールの冷感刺激に弱い方、アルコール過敏症の方、特に肌の弱い方は使わない」という注意表示があります。

さらに成分の「界面活性剤」が気になります。具体名が書かれていないので、どんな界面活性剤なのか分かりません。家庭用品品質表示法では、「合成洗剤」が表示の対象になっています。つまり、洗濯用や台所用の合成洗剤については、「アルキルエーテル硫酸エステルナトリウム」などの具体名を表示しなければなりません。

ただし、「冷感スプレー」は洗剤ではありませんから、その対象とはなりません。そのため具体名が表示されていないのです。しかし、合成界面活性剤の中には刺激性の強いものもあるので、それが使われていた場合、肌への悪影響が心配されます。

冷感スプレーには、「シャツクール」（小林製薬）などの衣料用もあります。衣服にスプレーすることで、涼感が得られるというものです。成分は、やはりエタノールやメントールです。この場合も、成分が肌に触れることになりますので、同様な問題があります。どちらの製品も、お金の無駄遣いとしか思えません。

●ビオレ冷ハンディミスト〈ボディ用〉（花王）

［成分］エタノール、水、メントール、乳酸l-メンチル、ヒアルロン酸Na-2、界面活性剤、香料

COLUMN

免疫の中心であるリンパ球を減らすアセスルファムK

コロナ禍によって、体の免疫がいかに大切であるかを認識した人も多いでしょう。免疫は、各種の免疫細胞によって形成されていますが、その中でも重要なのがリンパ球です。外から病原性のウイルスや細菌が体内に侵入してくると、まず免疫細胞の一種で「見張り役」の樹状細胞がそれを察知します。これは、樹状の形をした細胞で皮膚や粘膜などに多く存在しています。ちなみに、樹状細胞は1973年に発見されたもので、それを発見したアメリカのラルフ・スタイマン博士は、その功績によってノーベル生理学・医学賞を受賞しています。

樹状細胞は、ウイルスや細菌などの侵入者を食べて消化するとともに、その情報をリンパ球の一種のヘルパーT細胞に伝達します。すると、ヘルパーT細胞は、やはりリンパ球の一種のB細胞に指令を出し、B細胞で抗体が作られ、それがウイルスなどを攻撃するという仕組みになっています。また、リンパ球の一種のNK細胞（ナチュラルキラー細胞）が全身をパトロールしていて、ウイルス感染細胞やがん細胞などを見つけて攻撃します。

つまり、病原性のウイルスなどを攻撃して退治してくれるのは、リンパ球であり、それは免疫の中心的存在なのです。ところが、イヌを使った実験では、この重要なリンパ球を、合成甘味料のアセスルファムKが減らしてしまうことが分かっています。同様なことが人間の体内でも起これば、免疫力が低下してウイルスなどに感染しやすくなると考えられるのです。

第3章

「買ってもいい」商品

オリゴ糖

オリゴ糖は問題なし、ラカンカは多少不安あり

ダイエット甘味料はいくつも種類がありますが、「これならいいだろう」と考えられるのが、写真の製品です。原材料は、「乳果オリゴ糖シロップ」と「クエン酸（Na）」のみです。オリゴ糖の「オリゴ」とは、「少ない」という意味で、ぶどう糖や果糖などの単糖が少数個（2～10個程度）結びついたものです。消化されにくいため低カロリーで、しかも腸まで届いてビフィズス菌などの善玉菌のえさとなって、それらを増やして腸内環境をよくするとされています。そのため、写真の製品は消費者庁から特定保健用食品として許可され、「乳果オリゴ糖を主成分とし……」という許可表示が認められているのです。

オリゴ糖には数多くの種類がありますが、「乳果オリゴ糖」は、乳糖と砂糖を原料に作られたもので、砂糖に近い甘味があります。添加物の「クエン酸（Na）」は、クエン酸とクエン酸Naの混合物です。**クエン酸は、もともとレモンなどのかんきつ類、梅干しなどに多く含まれているものです。それを化学的に合成しているのですが、その由来から安全性に問題はありません。**クエン酸Naは、クエン酸にナトリウム（Na）を結合させたもので問題はありません。

ほかにはイソマルオリゴ糖を原料とした「マツキヨラボ オリゴ糖」（リブ・ラボラトリーズ）、「くらしリズム まいにちオリゴ糖」（光商）などがあります。イソマルオリゴ糖は、ぶどう糖が

結合したもので、みりんやみそ、しょうゆなどにも含まれています。

一方、ダイエット甘味料の「ラカントS」（サラヤ）には、「カロリー&糖類0（ゼロ）」と大きく表示されています。原材料名は「エリスリトール（中国製造）、ラカンカエキス／ラカンカ抽出物」で、大さじ1杯（13g）あたりのエネルギーは「0 kcal」とのことです。ラカンカ（羅漢果）は、中国の広西チュワン族自治区に生息するウリ科の植物で、その地方ではその実を乾燥させて砕いてお茶として飲んだり、料理に甘味料として利用しています。

ラカンカエキスやラカンカ抽出物は、ラカンカの実から得られたものです。ラカンカは現地の人が食用として利用しているので安全性にそれほど問題はないと考えられますが、日本人はあまり口にしたことがないので、人によっては合わないことがあるかもしれません。

また「エリスリトール」は、ぶどう糖やデンプンを酵母で発酵させて作られた糖アルコールで、もともと果実類やキノコ、ワイン、醤油などに含まれています。ただし、消化吸収されにくいため、一度にたくさん摂ると下痢を起こすことがあるので、注意が必要です。

●オリゴのおかげダブルサポート（パールエース）

★特定保健用食品

［許可表示］乳果オリゴ糖を主成分とし、腸内のビフィズス菌を適正に増やして、おなかの調子を良好に保つとともに、カルシウムの吸収を促進する甘味料です

［1日当たりの摂取目安量］8g（ティースプーン2杯）が目安です

［原材料名］乳果オリゴ糖シロップ（国内製造）/クエン酸（Na）

［栄養成分表示］（8gあたり）エネルギー 17kcal、たんぱく質 0g、脂質 0g、炭水化物 5.7g、食塩相当量 0g
関与成分：乳果オリゴ糖 3.2g

○

青汁

無添加が多く、ビタミンやミネラルを補給できる

「健康のために青汁を毎日飲んでいる」という人もいると思います。ドラッグストアには、各種の青汁製品がずらっと並んでいます。ほとんどが箱入りの粉末状のものです。青汁は、安全性の観点から大きく三種類に分けられます。

一つは、無添加の製品です。写真の製品もそうで、**原材料は「大麦若葉粉末（国内製造）」のみで、添加物は使われていません。しかも、無農薬で栽培されているので、安心して飲むことができます。**

二つ目は、アスパルテームやスクラロース、アセスルファムKなど危険性の高い合成甘味料を添加した製品。これらの添加物についてはすでに何度も述べてきたように、発がん性の疑いがあったり、肝臓にダメージを与えたり、免疫力を低下させる心配があります。したがって、こうした製品は買わないようにして下さい。

そして三番目は、これらの中間的な存在の製品です。たとえば、天然甘味料のステビアを添加した製品。ステビアは、南米原産のキク科・ステビアの葉から抽出した甘味成分です。

ＥＵ（欧州連合）委員会では、１９９９年、ステビアが体内で代謝してできる物質（ステビオール）が動物のオスの精巣に悪影響があり、繁殖毒性が認められたとの理由で、使用を

認めないことを決めました。その後、もう一度安全性について検討が行われ、同委員会は、２０１１年12月から、１日に体重１kgあたり４mg以下の摂取に抑えるという条件付きで使用を認めたのです。しかし、不安が完全に払拭されたわけではありません。

またビタミンやミネラルなどの栄養強化剤を添加している製品もあります。栄養強化剤は「栄養補助食品」の項で述べたように安全性の高いものがほとんどですが、ビタミンB_1についてはやや不安な面があります。

青汁は健康維持のために毎日飲むような製品なので、できるだけ不安要素のない製品を選びたいもの。ベストなのは、有機栽培された大麦やケールなどの原材料を使い、しかも無添加のものです。

●金の青汁　大麦若葉粉末（日本薬健）

［原材料名］大麦若葉粉末（国内製造）

［栄養成分表示］（1パック3gあたり）エネルギー 9.3kcal、たんぱく質 0.9g、脂質 0.2g、炭水化物 1.5g、食塩相当量 0.002g
ビタミンB_1 0.01mg、ビタミンB_2 0.04mg、ビタミンB_6 0.02mg、ビタミンC 1.1mg、ビタミンE 0.2mg、ビタミンK 81μg、ビオチン 0.7μg、葉酸 16μg、ナイアシン 0.1mg、パントテン酸 0.04mg、カルシウム 12mg、マグネシウム 5mg、カリウム 72mg、リン 12mg、亜鉛 0.1mg、銅 0.03mg、鉄 0.3mg、マンガン 0.08mg、クロム 2μg

○

食物繊維食品

食物繊維で、便通改善！

写真の「腸活イージーファイバー」は、各ドラッグストアのダイエット食品のコーナーにたいてい陳列されている製品で、かなり目立ちます。食物繊維を含んでおり、便通の改善に役立つ製品ですが、同時に「ダイエットにも効果があるだろう」ということで、そこに並べられているのでしょう。

特定保健用食品（トクホ）であり、原材料は「難消化性デキストリン」です。トクホは、機能性表示食品の登場によって影が薄れてしまいましたが、一定の働き（機能）を持っていることを消費者庁が認め、その働きを表示することを許可した食品です。この製品には、「本品は食物繊維（難消化性デキストリン）を含んでいるため、食生活で不足しがちな食物繊維を手軽に摂れ、お通じの改善に役立つ食物繊維粉末食品です」という許可表示があります。

「難消化性デキストリン」とは、文字通り消化されにくい「デキストリン」ということです。デキストリンは、ぶどう糖がいくつも結合した状態のもので、炭水化物の一種です。工業的には、デンプンを酵素などによって分解することで製造されています。**その由来から添加物ではなく、食品として扱われています。**デキストリンの中で、消化されにくいものが「難消化性デキストリン」です。

●腸活イージーファイバー（小林製薬）★特定保健用食品

［許可表示］本品は食物繊維（難消化性デキストリン）を含んでいるため、食生活で不足しがちな食物繊維を手軽に摂れ、お通じの改善に役立つ食物繊維粉末食品です

［1日摂取目安量］1日当たり1パックを目安にお召し上がりください

［原材料名］難消化性デキストリン

［栄養成分表示］（製品1パック5.2gあたり）エネルギー 4.9～7.5kcal、たんぱく質 0g、脂質 0g、炭水化物 4.6g、食塩相当量 0～0.00086g

一般に胃や腸で消化されない炭水化物を「食物繊維」といいます。したがって、難消化性デキストリンは、食物繊維の一種ということになります。その安全性ですが、ぶどう糖がいくつも結合したものですから、問題はありません。そもそも消化管からほとんど吸収されないので、体に対する影響はほとんどありません。食物繊維は消化されずに大腸内を通過し、便の量を増やします。そのため大腸が刺激されて排便がスムーズになるのです。また、有害物質を吸着して便とともに排出するので、腸内をきれいにして大腸がんになるリスクを低減します。ただし、摂りすぎると下痢を起こすことがあるので、その点は注意して下さい。

石けん歯磨き剤

刺激がないので、長時間ブラッシングできる

第1章で、歯磨きの際には、歯磨き剤を使わずに歯ブラシだけでブラッシングをすることをおすすめしました。歯周病の一番の原因は、歯と歯茎の間に付着した「歯垢（プラーク）」であり、それをきれいに除去するには、その方法が一番良いからです。

ただし、この方法で歯周病を防ぐことはできるのですが、人によっては歯が汚れてくることがあります。そこで、そんな人におすすめしたいのが、写真の石けん歯磨き剤です。この製品には、**刺激的な合成界面活性剤や防腐剤、着色料などが含まれていません。**

チューブには、「ラウリル硫酸ナトリウムなどの合成界面活性剤、パラベンなどの防腐剤を使用していません。発泡剤に石けん成分のみの純植物性無添加石けんを使用しています」と書かれています。そのため刺激がほとんどないのです。そして、「純植物性無添加石けん」によって、歯の汚れを落とすことができるのです。

石けんを口に入れることに抵抗のある人もいるかもしれませんが、一般の歯磨き剤に入っている合成界面活性剤に比べてずっと毒性は弱く、刺激性も少ないので、水で口をすすげば問題ないでしょう。このほか炭酸Caは骨の成分であり、まったく問題ありません。ソルビトールは、もともと果実や海藻などに多く含まれる甘味成分なので、これも問題なし。ベントナイトは、

粘土鉱物の一種であり、主成分は、含水ケイ酸アルミニウムです。食品添加物としての使用が認められており、皮膚刺激性はほとんどなく、アレルギー性もほとんどありません。

セルロースガムは、正式名をカルボキシルメチルセルロースナトリウム（CMC－Na）といいます。植物に含まれるセルロースを基本としたものであり、食品添加物としても使用が認められています。これまでの動物実験では、毒性は認められていません。皮膚刺激性やアレルギー性もほとんどありません。香料のペパーミント（メントール）はよく使われているものなので、その使用経験から問題はありません。

私は25歳の時に歯科衛生士から、歯磨き剤を使わずにブラッシングすることを指導され、それ以来それを続けていますが、歯周病になったことはまったくありません。ただし、歯が汚れてくることがあります。そんな時には、この石けん歯磨き剤を使って汚れを落とすようにしています。

●シャボン玉せっけんハミガキ（シャボン玉石けん）

［**成分**］炭酸Ca（清掃剤）、水、ソルビトール（湿潤剤）、シリカ（清掃剤）、石ケン素地（発泡剤）、ベントナイト、セルロースガム（粘結剤）、香料（ペパーミント）

無添加石けん

これで体を洗えば、肌荒れの心配なし

第2章でボディソープを取り上げた際に、体を洗うのには無添加石けんを使えばよいと書きましたが、写真の製品はドラッグストアで売られている代表的な無添加石けんです。

成分は、「石けん素地」のみで、その他の着色料、香料、金属封鎖剤などは使われていません。「石けん素地」とは、脂肪酸ナトリウムのことです。天然の油脂を水酸化ナトリウムと反応させると、油脂中の各種の脂肪酸がナトリウムと結合して、脂肪酸ナトリウムができます。それを精製して、不純物の少ない石けんを作るのです。一般に石けんとは、脂肪酸ナトリウムのことです。

石けんは紀元前から使われていたとされていて、日本には16世紀半ばにポルトガルやスペインからもたらされました。**石けんの最大の特徴は、その利用の長い歴史によって安全性が保証されていることです。**

脂肪酸ナトリウムの急性毒性は弱く、動物を半数以上死亡させる経口投与量は、体重1kg当たり10g以上で、「実際上無毒」とされています。皮膚刺激性も弱く、発がん性や催奇形性もないことが確認されています。ただし、眼刺激性があるので、目に入らないように注意する必要があります。

●牛乳石鹸の無添加せっけん（牛乳石鹸共進社）

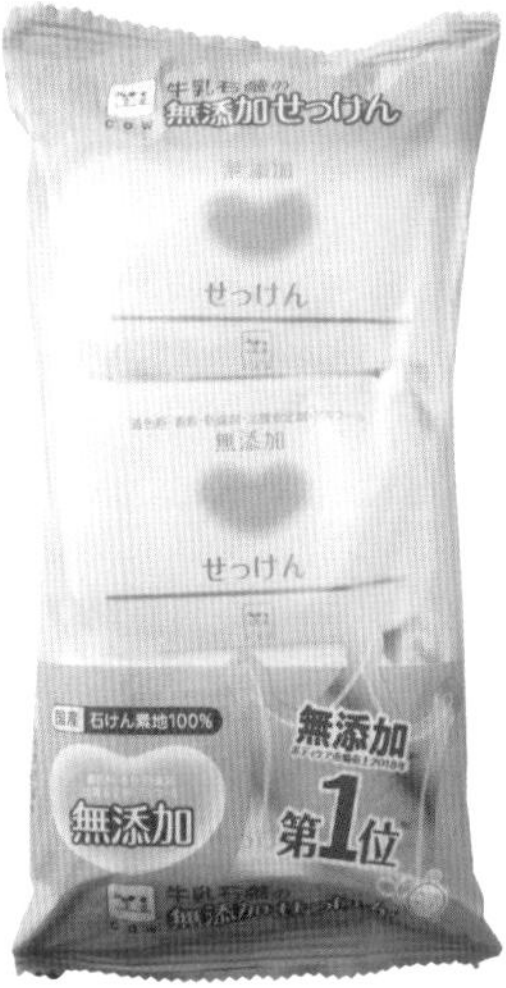

［成分］石ケン素地

また、脂肪酸ナトリウムは川や湖沼に流れ込んでも分解されやすく、8日間でほぼ分解されます。魚介類や植物に対する影響も少ないことが分かっています。

前に書いたように私は30年以上前からお風呂に入った時は無添加石けんで体を洗っていますが、一度も肌荒れや皮膚炎になったことはありません。刺激も感じたことはありません。

写真の製品の値段は、3個（1個が100g）入りのものが375円（税込み）でした。3個あるとかなり長期間使えるので、ボディソープに比べてリーズナブルです。このほか、「無添加 シャボン玉浴用」（シャボン玉石けん）もあります。値段は、3個（1個が100g）入りで470円（税込み）でした。

○ 石けんボディソープ

無添加石けんを泡立てたのと同じ

ドラッグストアには、石けんを素材とした製品はほとんどありませんが、写真の製品は、「カリ石けん素地」からできている珍しい製品です。ボトルには、「香料・着色料・防腐剤・酸化防止剤・鉱物油　無添加」とあり、「デリケートなお肌の方や、赤ちゃんお年寄りの方もお使いいただけます。ポンプを押すだけでクリーミーな泡が出てくるので、泡立てが苦手なちいさなお子様にも使いやすい泡タイプの石けんです」と書かれています。

成分の「カリ石けん素地」とは、脂肪酸カリウムのことです。**通常石けんというと、脂肪酸ナトリウムのことですが、この「ナトリウム」が「カリウム」に代わったもので、実質的にはどちらもほとんど変わりません。**脂肪酸カリウムは、水に溶けやすく、泡立ちがよいため、シェービング用などに使われています。

この泡立ちのよさを利用したのが、この製品といえるでしょう。試しにお風呂で使ってみましたが、ボトルをプッシュすると、白い泡が出てきて、そのままタオルに付けると、固形石けんを泡立てたような状態になりました。そのためそのままタオルで体を洗うことができました。表示の通り、香料、着色料、酸化防止剤などが使われていないため、皮膚への刺激が少なく、いつも使っている無添加の固形石けんで洗っているのとそれほど変わりませんでした。

●無添加泡の石けんボディソープ（マックス）

［成分］水、カリ石鹸素地

私は30年以上無添加の固形石けんで体を洗い、さらに髪の毛もそれで洗っているためか、69歳になっても髪の毛はふさふさしていて、知人たちに会うと驚かれます。そこで、読者のみなさんにも同じことをおすすめしたいのですが、「固形石けんを使うのは面倒くさい」「固形石けんで髪を洗うのはイヤだ」という人もいると思います。そんな人には、この製品をおすすめしたいと思います。

この製品で髪の毛も洗いましたが、無添加の固形石けんで洗うのと同じような感じで、やはり刺激がないので、気持ちよく洗えました。なお、「石けんで髪を洗うと、毛がパサパサになる」と感じている人もいると思いますが、確かに最初はそうなのですが、続けて洗っていると、地肌がなじんできて（おそらく脂肪を分泌するようになるのだと考えられます）、それほどパサつかなくなります。

防腐剤フリー目薬

防腐剤無添加の染みない目薬

第2章で目薬を取り上げましたが、通常目薬には防腐剤が添加されています。目薬を差すときに目に触れるなどして雑菌が付着し、それが液内で繁殖することがあるので、それを防ぐためです。ただし、防腐剤には殺菌効果がある一方で、目の粘膜細胞にも作用し、刺激をもたらすことになります。

ところが、写真の製品には防腐剤が添加されていません。**一回の使い切りタイプ（小分けされている）になっているため、防腐剤を添加する必要がないからです。**

成分は、「タウリン」、「塩化ナトリウム」、「塩化カリウム」です。タウリンは、含硫アミノ酸様化合物（硫黄を含むアミノ酸に近い物質）の一つで、イカやタコ、貝類、甲殻類、魚類に多く含まれています。血液中のコレステロールや中性脂肪を減らしたり、肝臓の働きを高めるなどの働きがあるとされています。そのため栄養ドリンクなどに使われています。

「アイリスCL－Iネオ」の説明書には、タウリンについて、「目に栄養を与え、目のつかれをやわらげます」と書かれています。それから塩化ナトリウムと塩化カリウムについては、「涙の成分であり、涙不足をおぎない、目にうるおいを与えます」とあります。

ほかに添加物として、「炭酸水素Na」と「pH調節剤」が使われています。炭酸水素Na（ナトリウム）については、ご存知の方も多いと思いますが、重曹のことです。pH調節剤は、酸性度やアルカリ度を調節するもので、酸の一種が使われているため、細菌の増殖を抑える働きがあります。この製品は、1回の使い切りタイプで、箱にも説明書にも「本剤は『1回使いきりタイプ』の点眼剤ですから、使用後の残液は捨ててください」と書かれています。しかし中にはケチって、捨てずにもう一度使おうという人もいます。そのため雑菌が残液中で増える心配があるため、それを防ぐ目的で使われていると考えられます。

実は私はこの製品を長年使用しています（コンタクトレンズは未使用です）。目が乾いた、あるいは疲れたと感じた時に点眼していますが、染みることはまったくありません。

●アイリスCL－Iネオ（大正製薬）　★第3類医薬品

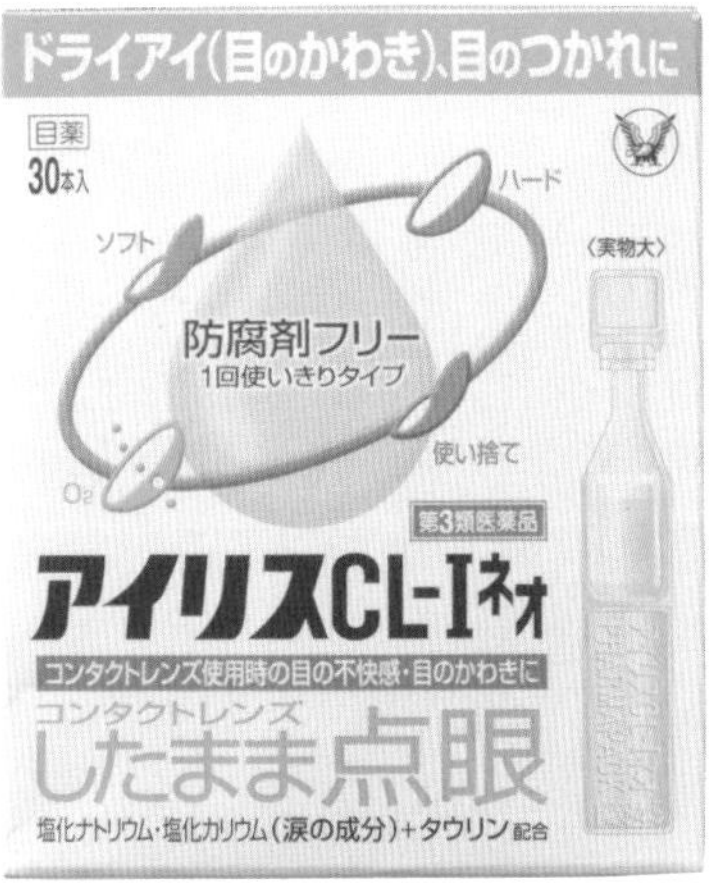

［**効能**］ハードコンタクトレンズ又はソフトコンタクトレンズを装着しているときの不快感、涙液の補助（目のかわき）、目のつかれ、目のかすみ（目やにの多いときなど）

［**用法・用量**］1日3～6回、1回2～3滴を点眼してください

［**有効成分**］タウリン 1.0%、塩化ナトリウム 0.56%、塩化カリウム 0.113%

［**添加物**］炭酸水素Na、pH調節剤

重曹

安全性が高いと認識されている洗浄剤

「重曹で鍋やフライパンを洗っている」、あるいは「洗濯の際に重曹を使っている」という人もいると思います。一般に重曹は安全な洗浄剤として認識されていて、このほか、茶渋やコーヒーのしみなど頑固な汚れを落としたり、コンロやレンジ、換気扇、まな板、魚焼きグリルなどの洗浄に使われています。

重曹は、化学名を炭酸水素ナトリウムといいます。その名の通り、炭酸に水素（H）とナトリウム（Na）が結合した、単純な化学構造をしています。

炭酸水素ナトリウムは、食品添加物としての使用が認められています。加熱すると炭酸ガス（二酸化炭素）が発生するので、クッキーやビスケット、カステラ、ケーキなどをふっくらさせる目的で、膨張剤として使われています。また黒豆を煮る際に、柔らかくする目的でも使われています。家庭では、タケノコのあく抜きに使っている人もいるでしょう。

炭酸水素ナトリウムの毒性は弱いのですが、イヌに対して、３〜４週間連続投与し、総量が１５０ｇに至ると、嘔吐、下痢を起こし、衰弱して死亡したという実験データがあります。１５０ｇというのはかなり大量なので、さすがにイヌも衰弱死するようです。また炭酸水素ナトリウムは、制酸剤として胃腸薬にも使われています。通常１回に０・５〜１ｇ、１日に３〜

●重曹（健栄製薬）

［**成分**］炭酸水素ナトリウム（99.0%以上含有）

５ｇを服用することになっています。この程度の量なら、それほど問題はないようです。

炭酸水素ナトリウム（重曹）を洗浄剤として使う場合、人間が口に入れるわけではありませんから、使い方を間違わなければ、安全性は高いといえるでしょう。ただし、皮膚に付着した場合、多少刺激がありますので、その点は注意して下さい。

なお、ドラッグストアで売られている重曹は、あくまで洗浄剤であって、料理に使うためのものではありません。パッケージにも、食用や医療用に使わないように書かれています。その点は、きちんと守るようにして下さい。写真の製品は、東京都内のドラッグストアで、１袋（６００ｇ入り）が２１７円（税込み）でした。

クエン酸

重曹と賢く使い分けよう！

クエン酸は、重曹と同様に安全性が高い洗浄剤として知られています。「重曹とクエン酸を使い分けている」という人もいるでしょう。

一般にクエン酸は、台所の蛇口やシンクの洗浄、排水口の汚れやにおいの除去、まな板の除菌などに利用されています。

クエン酸は、もともとレモンなどのかんきつ類、梅干しなどに多く含まれているものです。つまり、ふだん私たちが食しているものに含まれているということで、安全性が高いと認識されているのです。

クエン酸は化学的に合成されていて、それが洗浄用として売られています。**またクエン酸は、食品添加物として使用が認められていて、酸味料として幅広く利用されています。**

クエン酸はほとんど毒性がありません。マウスの半数を死亡させる経口投与量（これをＬＤ50といいます）は、体重１kgあたり５・０４gであり、毒性の程度としては「極小」の部類に入ります。体重が50kgの人間に単純換算すると、２５０gという大量になります。ちなみに、食塩でも砂糖でも、一度に大量に摂取すると体調が悪くなったり、死亡することもあります。

重曹との使い分けですが、鍋のこげや茶渋などを落とすには、重曹のほうが適しています。

また重曹は、研磨力があるため、クレンザーとしても利用できます。さらに、消臭剤としても活用できます。小皿などにそのまま盛ってテーブルの上などに置いておくと、部屋のにおいを取ってくれます。また水に溶かしてスプレー容器に入れて、靴やソファなどに噴射することで、においをとることができます。

一方、クエン酸は、シンクの水あかの除去、まな板の除菌などに適しています。酸の一種なので、酢酸と同様に殺菌効果があるからです。なお、写真の製品には「まぜるな危険」とありますが、塩素系の洗浄剤と混ぜると、有毒な塩素ガスが発生するためです。クエン酸そのものは安全です。

●クエン酸の「激落ちくん」（レックケミカル）

［成分］クエン酸

COLUMN

PBならではのドラッグストアの商品

PB（プライベートブランド）の特徴は、何と言っても安いことですが、ドラッグストアのPBとしては、まず「マツキヨラボ（matsukiyo LAB)」シリーズがあげられます。サプリメント、健康食品、ダイエット食品、美容関連食品などが主で、たとえば、[機能性表示食品DHA・EPAサプリメント]、[ファイバープラス乳酸菌]、[国産大麦若葉美味しい青汁]、[糖質5.9gビスケットチョコレート味]などがあります。私は以前、このシリーズの[生薬浴用剤薬草湯]を時々買っていました。ウイキョウやチンピなど5種類の生薬にハッカをプラスしたもので、香料や着色料などの添加物は一切使っていません。そのため家庭で手軽に薬湯風呂を楽しむことができます。

このほか、くすりの福太郎やツルハドラッグなどでは、「くらしリズム」シリーズを販売しています。ツルハグループのPBで、食品から化粧品、ボディケア・ヘアケア、オーラルケア、医薬品、衛生用品、ベビー用品と、実に様々な種類の製品があります。現在私が使っているのは、[デンタルプロ]という歯間ブラシです。使いやすく、値段が安いので気に入っています。

このほか、ウエルシアの「からだwelcia」「くらしwelcia」、スギ薬局の「エスセレクト（SSELECT)」などがあります。ただし、コンビニのPBに比べて分かりにくいので、ネットで調べたり、店員さんに聞いてたりして、どんな製品があるのか確認した方がよいでしょう。

第 4 章

化学合成物質
早わかりリスト
（五十音順）

【あ行】

❗赤2（赤色2号）

食品添加物の一つで、着色料として、業務用かき氷シロップなどに使われています。食品に鮮やかな赤い色を付けることができます。

しかし、1976年にアメリカで行われたラットを使った実験で、赤2に発がん性の疑いがあることがわかりました。そのため、同国では使用禁止となりました。

「アメリカがくしゃみをすると、日本は風邪をひく」という言葉があるくらい、日本はアメリカに影響されるのが常ですが、このときばかりは違っていました。その実験に不備があるという理由で、赤2の使用を禁止しなかったのです。

実験では、赤2を含むえさが44匹のラットにあたえられ、14匹にがんが発生しました。ところが、実験中に半数が死亡したり、動物を混同するなどのミスがあったといいます。日本の厚生省（当時）は、それを問題にしたのです。

しかしアメリカでは、そうした点も十分考慮したうえで、赤2の使用が禁止されたのです。であるなら、日本でも、使用禁止にすべきではないでしょうか。赤2はラットの妊娠率を低下させて、死産率を高めるという報告もあります。

赤１０２（赤色１０２号）

食品添加物の一つで、着色料として、紅しょうがや福神漬、明太子などに赤い色を出すために使われています。

純然たる化学合成物質で体の中でも分解されにくいため、細胞や遺伝子への影響が心配されます。これまでの実験でがんを発生させたというデータはありませんが、その化学構造がアメリカで使用禁止となった赤２に似ているため、がんを起こすのではないかという疑いをぬぐいきれません。

ラットに赤１０２を２％含むえさを90日間食べさせた実験では、赤血球の数が減ってしまい、ヘモグロビン値の低下が見られました。

また、皮膚科の医師のあいだでは、赤１０２が子どもなどに蕁麻疹を起こすことが知られています。

赤１０６（赤色１０６号）

食品添加物の一つで、着色料として使われています。しょうがの漬物や魚肉ソーセージなどに使われています。このほか、桜えび、ハム、洋菓子などにも。ピンクがかった赤色をしています。

動物に赤１０６を食べさせると、肝臓に多くたまり、そこでつくられる胆汁酸に濃縮されます。人間が、赤１０６を食べつづけた場合、同じように肝臓に多く集まることになるので、その細胞に影響をおよぼさないのか、心配されます。

赤106は、細菌の遺伝子を突然変異させたり、染色体を切断するなどの作用があります。これは、細胞のがん化と深い関係があります。肝臓にたまった赤106が、その細胞にこうした悪影響をもたらした結果、がんが発生することにならないのか、気になるところです。外国では、発がん性の疑いがあるため、赤106はほとんど使用されていません。

❗アスパルテーム

食品添加物の一つで、甘味料として使われています。アスパルテームは、アスパラギン酸とフェニルアラニンという2種類のアミノ酸と劇物のメチルアルコールを結合させてつくります。1965年、アメリカの医薬品企業サール社によって開発されました。アメリカでは、1981年に使用が認められましたが、アスパルテームをとった人たちから、頭痛やめまい、不眠、視力・味覚障害などを起こしたという苦情が相次ぎました。

日本では、味の素株式会社が輸出用として早くからアスパルテームを製造していましたが、1983年に国内での使用が認可されました。これによって、清涼飲料水やダイエット甘味料、ガム、乳酸菌飲料などに使われるようになったのです。

アスパルテームは、アミノ酸のフェニルアラニンを含んでいるため、フェニルケトン尿症（フェニルアラニンの代謝がうまくいかない体質）の新生児がとると、脳に障害が起こることがあります。そのため、「アスパルテーム・L-フェニルアラニン化合物」という表示によって、注意を喚起しています。

アメリカでは、アスパルテームと脳腫瘍との関係がずっと問題視されていて、１９９０年代後半には、複数の研究者によって、アスパルテームが脳腫瘍を起こす可能性があることが指摘されました。

また、２００５年にはイタリアの実験で、濃度の異なるアスパルテームをラットにあたえつづけたところ、白血病やリンパ腫の発生が見られ、投与量が多いほど発生率も高かったという結果が出ています。人間が食品から摂っている量に近いアスパルテームでも、異常が観察されました。

２０２３年7月14日、ＷＨＯ（世界保健機関）の専門組織であるＩＡＲＣ（国際がん研究機関）はアスパルテームについて、グループ２Ｂ「ヒトに対して発がん性のある可能性がある（Possibly carcinogenic to humans）」の物質に分類しました。これは、「ヒトにおいて発がん性の限定的な根拠がある」、「実験動物において発がん性の十分な証拠がある」、「作用因子が発がん性物質の重要な特性を示す有力な証拠がある」のうちのいずれか一つを満たす場合に適用されるものです。

! アセスルファムＫ（カリウム）

食品添加物の一つで、甘味料として使われています。自然界に存在しない化学合成物質で、砂糖の約２００倍の甘味があります。２０００年に食品添加物としての使用が認可されました。

しかし、イヌにアセスルファムＫを０・３％と、３％含むえさを2年間食べさせた実験で、

０・３％群ではリンパ球の減少が、そして３％群では肝臓障害の際に増えるＧＰＴが増加し、さらにリンパ球の減少が認められたのです。つまり、肝臓にダメージをあたえ、また免疫力を低下させる可能性があるということです。

このほか、妊娠したラットにアセスルファムＫを投与した実験では、胎児への移行が認められています。ですから、妊娠した女性が摂取した場合に、胎児に対して影響が出ないのか、心配されるのです。

ところが、これらのデータは軽視され、使用が認められてしまったのです。アメリカなどの諸外国ではアセスルファムＫの使用が認められていたため、貿易の際に非関税障壁とならないように厚生労働省は、早く認可したかったのです。もちろん日本の業者もそれを望んでいました。

アセスルファムＫは多くの清涼飲料や菓子類などに使われていますが、体内で消化・分解されることなく吸収されて、肝臓を通過して血液とともに全身をグルグル巡り、腎臓に達します。アセスルファムＫが添加された飲料や食品を毎日摂った場合、イヌの実験からも分かるように肝機能に障害が現われる可能性があります。また、体の防衛軍である免疫にも悪影響がおよぶ可能性があります。ですから、できるだけ摂取しないほうが賢明なのです。

❗アセトアミノフェン

代表的な解熱鎮痛剤の一つで、風邪薬や頭痛・生理痛薬に幅広く使われています。アセトアミノフェンは、１００年以上にわたって世界的に使われています。体温中枢に作用して末梢血管を拡張することで、体の外に熱を逃がして体温を下げます。

また発熱や痛みの原因物質であるプロスタグランディンを作り出す酵素を阻害することによって、熱や痛みを抑えます。この鎮痛メカニズムは、「ロキソニンＳ」の成分であるロキソプロフェンナトリウムと変わりませんが、副作用は一般の風邪薬と同程度で、重いものではありません。

アルギニン

アルギニンはアミノ酸の一種で、たんぱく質を分解することによって、あるいは糖質を発酵させることで得られています。アミノ酸は人体内でたんぱく質を構成するもので、安全性に問題はありません。ちなみに、アルギニンは人体内でも生成されています。

アルギニンは、エナジードリンクに「パワーの元」として使われています。しかし、アルギニンを点滴投与することによって、免疫力を高めることは示唆されていますが、食品に加えられている量で、体のパワーアップが図られるというデータは見当たりません。アルギニンは天然成分であり、食品添加物（既存添加物）としての使用が認められています。

！アルキルエーテル硫酸エステルナトリウム（ＡＥＳ）

合成界面活性剤の一種です。略してＡＥＳといいます。ＡＥＳは、台所用洗剤や洗濯洗剤、ボディソープなどに幅広く使われています。しかし、皮膚刺激性があります。

ＡＥＳの０・２５％溶液を、ヒト29人に対して48時間貼付した実験では、６人にかすかな紅斑が、１人に明瞭な紅斑が、１人にひじょうに強い刺激反応が認められました。つまり29人中８人（27・６％）に刺激性が認められたのです。

このデータは、旧・厚生省環境衛生局食品化学課編著『洗剤の毒性とその評価』（日本食品衛生協会刊）に載っているものですが、同著には「ＡＥＳは高濃度で刺激性を示し、その閾値は１回の流布で濃度５％以上、反復流布では１％付近、１回閉塞貼付では０・１％付近と推測される」と書かれています。

ＡＥＳには何種類かあって、代表的なものが、**ポリオキシエチレンラウリルエーテル硫酸ナトリウム**です。これは、化粧品に使われた場合、「**ラウレス硫酸Na**」と表示されています。ボディソープやシャンプーは化粧品の部類に入るので、この名前が使われています。そのため、台所用洗剤に使われているＡＥＳと同じものだとは気づかない人が多いようです。

❗アルキルベタイン

合成界面活性剤の一種です。直鎖アルキルベンゼンスルホン酸ナトリウム（ＬＡＳ）やアルキルエーテル硫酸エステルナトリウム（ＡＥＳ）、アルキル硫酸エステルナトリウム（ＡＳ）などに比べて、低刺激性とされています。

ヒトに対して行われた試験では、歯磨き剤に使われている合成界面活性剤の「ラウリル硫酸ナトリウム」（ＡＳの一つ）に比べて、皮膚刺激性が低いという結果になっています。また、ウサギを使った実験では、非刺激剤に分類されたとのことです（いずれも『化粧品成分オンライン』による）。

アレスリン

ピレスロイド系殺虫剤の一種です。ピレスロイド系殺虫剤は、除虫菊に含まれる殺虫成分のピレトリンを真似て化学合成されているものです。

昆虫には、神経毒として作用します。一般に人間に対する毒性は弱いとされていますが、それでも一度に大量に吸い込むと、悪心（気分が悪くなること）、嘔吐、下痢、頭痛、耳鳴り、強い眠気などが見られ、重症になると、呼吸障害やふるえなどを起こすこともあります。また、皮膚過敏症や気管支ぜんそく、鼻炎、結膜炎などを起こすこともあります。

アレスリンの場合、蚊やハエに特に効果があるとされています。また速効性があります。そのため、蚊取り線香に使われています。ただし、化学物質に敏感な人は、化学物質過敏症を起こす心配があるので、注意して下さい。

安息香酸

食品添加物の一つで、保存料としてキャビア、マーガリンなどに使われます。また化粧品に防腐剤として使われます。表示指定成分の一つ。安息香酸が発見されたのは１６０８年と古く、１８７５年に細菌がふえるのを防ぐことが発見されました。

安息香酸と次項の安息香酸Naを含むえさで、イヌを２５０日間育てた実験では、あたえた量が体重１kgあたり１gを超えると、運動失調やてんかんのようなけいれんを起こして、死亡する例がありました。

食品に添加される安息香酸は少量ですが、長期間摂りつづけた場合、その影響が心配されます。２００６年３月、イギリスで清涼飲料水に添加されていた安息香酸とビタミンCが化学反応を起こして、人間に白血病を起こすことが判明しているベンゼンに変化していたことがわかり、製品が自主回収されるという騒ぎがありました。

❗安息香酸Na

食品添加物の一つで、保存料として栄養ドリンク、清涼飲料水、醤油などに使われています。また化粧品や医薬部外品にも防腐剤として使われています。表示指定成分の一つです。

毒性が強く、２％および５％を含むえさをラットにあたえて４週間飼育したところ、５％投与群ですべてが過敏状態、尿失禁、けいれんなどを起こして死んでしまいました。栄養ドリンクの場合、添加されている安息香酸Naの濃度はもっと低いですが、こうしたものを摂取すること自体、躊躇《ためら》われます。

また安息香酸Naは、ビタミンCなどと化学反応を起こして、人間に白血病を引き起こすことが判明しているベンゼンという物質に変化します。前述のように、実際に２００６年３月、イギリスで清涼飲料水に添加されていた類似物質の安息香酸とビタミンCが反応してベンゼンができていたため、製品が自主回収されるという騒ぎがありました。したがって、こうしたリスクを避けるためにも安息香酸Na入りの栄養ドリンクは飲まないほうがよいのです。

❗イカリジン

虫よけスプレーに使われています。虫よけスプレーには、ディートが使われることが多いのですが、最近はディートに代わって使われています。イカリジンを虫よけスプレーの成分として使った製品の場合、「６か月未満の乳児には使用しないこと」という使用制限がありません。

しかし、ラットに対して体重１kgあたり50、１００、２００mgを剃毛背部皮膚に１日１回、週５日間塗り、それを１年間または２年間続けた実験で、どの投与群でも表皮の肥厚または過角化症が見られたほか、２年間の２００mg投与群では、肝臓の嚢胞様変性が見られました（独立行政法人・医薬品医療機器総合機構の『審査報告書』より）。

! イソプロピルメチルフェノール

イソプロピルメチルフェノールは強い殺菌力があるため、消毒薬、薬用ハンドソープ、薬用石けん、軟膏、ニキビケア製品などに使われています。一般に低刺激性と言われていますが、毒性の強いフェノールの類似物質なので、皮膚や粘膜などへの悪影響が心配されます。表示指定成分の一つ。

イソプロピルメチルフェノールについては、副作用として接触皮膚炎の例が報告されており、また長期間使用した場合中毒症状を起こすことが指摘されています。

接触皮膚炎とは、何らかの刺激性物質が皮膚に接触することによって起こるもので、赤く膨れてかゆくなったり、湿疹ができたり、ひどくなると水泡ができます。二つのタイプがあり、一つは刺激となる物質が直接皮膚に作用して起こるものです。皮膚の細胞が破壊されて起こる、一種の炎症ということができます。

もう一つは、アレルギー反応が関係するものです。そのメカニズムは原因物質が皮膚を通過する過程で、細胞中のタンパク質と結合することによって抗原となり、これをリンパ球が察知して免疫反応が起こり、その結果、かぶれやかゆみ、吹き出物などの症状が現れるというものです。

アレルギー性接触皮膚炎の原因は様々で、昔から知られているウルシかぶれは、ウルシが原因です。ほかに化学繊維の衣類、防水処理を施した衣類やコート、アクセサリーの金属やメッキ、マニキュア、香水、オーデコロン、ヘアカラーなどでも発生することがあります。

またイソプロピルメチルフェノールは、人間に白血病を起こすことが判明しているベンゼンを骨格とした化学合成物質であり、細胞の遺伝子を変異させて、がん化させる懸念もあります。

! イブプロフェン

アセトアミノフェンと並ぶ代表的な解熱鎮痛剤の一つで、風邪薬や頭痛・生理痛薬に幅広く使われています。プロスタグランディンの生成を抑えることによって、発熱や痛みを抑えます。副作用は、一般の風邪薬と同程度です。

EPA（エイコサペンタエン酸）

サバやサンマ、イワシ、マグロなどの青身の魚に多く含まれている不飽和脂肪酸の一種です。動脈硬化を防いで、心筋梗塞などのリスクを下げるとされています。

EPAが注目されたのは、20世紀後半のことです。グリーンランドに住んでいるイヌイットの人たちは、動脈硬化によって心臓病になる人が少なく、1972年にデンマークの研究者が発表した調査では、イヌイットの人の場合、急性心筋梗塞を発症する割合が、デンマーク人の約13分の1でした。

イヌイットの人々はサバやサンマなどの青身の魚を多く食べていたのですが、それにはEPAが多く含まれていたのです。またアザラシの肉も食べていましたが、アザラシは青魚を食べていたので、やはりEPAが多かったのです。ということで、心臓病が少ないのは、EPAの効果だろうと判断されました。

EPAは血小板凝集を抑制したり、善玉（HDL）コレステロールを減らさずに、悪玉（LDL）コレステロールを減らす働きがあります。そのため、動脈硬化が起こりにくくなり、心筋梗塞などが起こりにくくなると考えられています。

医薬品

医薬品とは、病気の治療や予防、診断を目的とした、いわゆる「薬」のことで、厚生労働省によって効果が認められている有効成分が配合されているものです。医師が処方するものと、ドラッグストアや薬局で購入することができるもの、すなわち一般用医薬品（OTC医薬品）があります。

医薬品は、医薬品医療機器等法（薬機会）の第二条によって、次のように定義されています。

「一　日本薬局方に収められている物

二　人又は動物の疾病の診断、治療又は予防に使用されることが目的とされている物であって、機械器具等（機械器具、歯科材料、医療用品、衛生用品並びにプログラム（電子計算機に対する指令であって、一の結果を得ることができるように組み合わされたものをいう。以下同じ。）及びこれを記録した記録媒体をいう。以下同じ。）でないもの（医薬部外品及び再生医療等製品を除く。）

三　人又は動物の身体の構造又は機能に影響を及ぼすことが目的とされている物であって、機械器具等でないもの（医薬部外品、化粧品及び再生医療等製品を除く。）」

法律用語なので分かりにくいですが、まず「日本薬局方」に収載されている成分ということです。日本薬局方は、医薬品医療機器等法に基づいて、厚生労働大臣が、薬事・食品衛生審議会の意見を聞いて、公示する医薬品の規格基準書です。日本国内で繁用されている医薬品が中心に収載されています。

また人間や動物の疾病の診断、治療、予防に使用されるもので、機械器具等でないものということです。つまり、人間が服用する形態のものということです。また「人又は動物の身体の構造又は機能に影響を及ぼすことが目的とされている物」とは、ビタミンやカルシウムのように体の機能などに影響をあたえるものということです。

ところで、ドラッグストアなどで売られている一般用医薬品は、「第1類医薬品」、「第2

類医薬品」、「第3類医薬品」に分類されています。

「**第1類医薬品**」…一般用医薬品の中で、最も副作用が発生する可能性の高い医薬品です。つまり効果が高い一方で、副作用の危険も高いというもので、注意が必要です。頭痛・生理痛薬の「ロキソニンS」、胃腸薬の「ガスター10（テン）」などが該当します。

第1類医薬品を販売できるのは、薬剤師に限られています。ですから、ドラッグストアに薬剤師がいない場合、販売することができません。販売時には、薬剤師が購入者に対して、その薬に関する情報を提供しなければなりません。

「**第2類医薬品**」…一般用医薬品の中で、日常生活に支障が出る程度の副作用が現れる可能性のあるものです。風邪薬や頭痛・生理痛薬、胃腸薬など大半のものが、第2類医薬品に該当します。漢方薬も第2類医薬品です。

薬剤師または登録販売者が常駐している店舗であれば、販売ができます。購入者に薬の情報提供を行う義務はありません。

「**第3類医薬品**」…第1類医薬品と第2類医薬品以外の一般用医薬品が該当します。ドリンク剤やビタミン剤、整腸薬、消化薬などがこれに当てはまります。薬剤師や登録販売員の管理・指導のもとであれば、一般従事者も販売できます。販売時の情報提供は必要ありません。ネットでも販売が許可されています。

医薬品添加物

医薬品の製剤に含まれる有効成分以外の物質のことで、製剤化を容易にする、品質の安定化を図る、有用性を高めるなどの目的で、ほとんどすべての医薬品に添加されています。用途により、安定剤、保存剤、賦形剤、緩衝剤、乳化剤、着色剤、着香剤などがあります。

これらは製剤の投与量において、薬理作用を示さず、無害でなくてはなりません。しかし、中にはアレルギーなどの有害な反応を起こすものがあります。また、ヨードうがい薬などに使われているサッカリンNaのように、発がん性の疑われるものもあります。

医薬部外品

医薬部外品とは、医薬品医療機器等法で定められた医薬品と化粧品の中間的存在の製品です。「効能・効果」を表示できるという特徴があります。

歯磨き剤、薬用シャンプー、洗口液（マウスウォッシュ）、育毛剤など様々な種類があり、ドラッグストアや薬局だけでなく、コンビニやスーパーなど薬剤師のいないお店でも販売することができます。

同法では、医薬部外品を次のように定めています。「次に掲げる物であって人体に対する作用が緩和なものをいう」（第二条の2）。そして「次に掲げる物」とは次のものです。

「・吐きけその他の不快感又は口臭若しくは体臭の防止
・あせも、ただれ等の防止
・脱毛の防止、育毛又は除毛」

以上なのですが、リップクリームやシャンプーなども医薬部外品として販売されており、これらの定義が拡大解釈され、様々な製品が医薬部外品として売られている感があります。

栄養強化剤

食品添加物には様々な種類があって、その一つに栄養強化剤（強化剤）があります。ビタミンやミネラル、アミノ酸など、人間の体に必要なものを補給するためのものです。もともと食品に含まれる栄養素を化学的に合成したものが多く、その点では全般的に安全性は高いといえます。

ただし、ビタミンB1（ビタミンB1の項参照）など、一部安全性に問題がないとはいえないものもあります。

エステル型ジアルキルアンモニウム塩

陽イオン系（プラスに帯電する）の合成界面活性剤の一種です。ちなみに、洗濯洗剤に使われているのは、マイナスに帯電する陰イオン系、あるいは帯電しない非イオン系の合成界面活性剤が多くなっています。

繊維は水の中に入ると、表面がマイナスに帯電します。そこに陽イオン系の合成界面活性剤が加わると、プラスの部分がマイナスに帯電した繊維に引き寄せられます。つまり、繊維の周りに合成界面活性剤がくっ付いたような状態になるのです。

すると、繊維同士が直接接触するということが少なくなります。そのため、繊維間の摩擦が少なくなるため、繊維同士の滑りがよくなります。このことが、繊維のすべすべしたような、なめらかな感触を生みだすのです。

❗エデト酸塩

エデト酸（エチレンジアミン四酢酸）塩には、**エデト酸四ナトリウム**（**EDTA-4Na**）、**エデト酸二ナトリウム**（**EDTA-2Na**）などがあります。製品中の成分が酸化して変質するのを防ぐ目的で使われます。また成分が沈殿しないようにして、透明度を高める目的で、化粧品などに使われています。石けんやボディソープには、金属封鎖剤（石けんカスができるのを防ぐ）として使われています。表示指定成分の一つです。

ＥＤＴＡ-２Na（エチレンジアミン四酢酸二ナトリウム）は、食品添加物としての使用が認められて、酸化防止剤として缶詰やビン詰に使われています。しかし、毒性が強いため、「最終食品の完成前に、エチレンジアミン四酢酸カルシウム二ナトリウムにしなければならない」という使用制限があります。

ＥＤＴＡ-２Naを１％含むえさを、マウスに２０５日間食べさせた実験では、成長が悪くなって、赤血球や白血球が減りました。また、血液中のカルシウムがふえて、骨や歯に異常が見られました。さらに受精卵に注射した実験では、量が多くなるにしたがって孵化率が悪くなり、形態異常が見られました。妊娠したラットに注射した実験では、胎児が死亡したほか、指の数がふえる、尾が2本になるなどの異常が見られました。

注射による実験ではありますが、催奇形性（お腹の子どもに先天性障害をもたらす毒性）が疑われます。

エリスリトール

食物繊維（消化されにくい炭水化物）の一種です。ぶどう糖やデンプンを酵母で発酵させて作られた糖アルコールで、もともと果実類やキノコ、ワイン、醤油などに含まれています。その点では、安全性が高いと言えます。ただし、消化吸収されにくいため、一度にたくさん摂ると下痢を起こすことがあるので、その点は注意が必要です。

L-アスコルビン酸2-グルコシド

ビタミンC（L-アスコルビン酸）の類似物質です。L-アスコルビン酸にグルコース（ぶどう糖）を結合させたものであり、安全性に問題はありません。食品添加物としての使用が認められていて、酸化防止剤として使われています。

化粧品には、シミやそばかすの原因となるメラニン色素の発生を防ぐ目的で配合されています。

! 塩化セチルピリジニウム（セチルピリジニウム塩化物）

陽イオン界面活性剤（逆性石けん）の一種です。強い殺菌力と抗カビ作用があるため、うがい薬、トローチ、ウェットティッシュ、のど飴などに使われています。「**塩化セチルピリジニウム水和物**」と表記されることがありますが、これは塩化セチルピリジニウムに水分子が結合したもので、実質的には塩化セチルピリジニウムと変わりません。

塩化セチルピリジニウムは、表示指定成分の一つ。軽い皮膚刺激性があります。また人間に大量投与すると、悪心（気分が悪くなること）、嘔吐、虚脱、けいれん及び昏睡が見られました。

塩化ベンザルコニウム（ベンザルコニウム塩化物）

陽イオン界面活性剤の一種で、細菌の細胞膜透過性を変化させたり、細胞外層を破壊することによって、細菌を殺します。細菌やカビ、酵母に効果があるため、消毒剤として用いられるほか、化粧品や目薬などに防腐剤として使われています。

表示指定成分の一つです。角膜の細胞の細胞膜に作用して、角膜上皮障害を起こす可能性があるとされています。ベンザルコニウム塩化物とも称されます。

オリゴ糖

オリゴ糖は、炭水化物の一種です。炭水化物は、単糖類（ぶどう糖や果糖など）、二糖類（ショ糖や麦芽糖など）、多糖類（デンプンなど）、少糖類（オリゴ糖など）に分類されます。「オリゴ」とは、「少ない」という意味で、ぶどう糖や果糖などの単糖が少数個（2～10個程度）結びついたものです。消化されにくいため低カロリーで、しかも腸まで届いてビフィズス菌などの善玉菌のえさとなって、それらを増やして腸内環境をよくするとされています。

オリゴ糖には数多くの種類がありますが、その一つの「乳果オリゴ糖」は、乳糖と砂糖を原料に作られたもので、砂糖に近い甘味があります。

化学物質過敏症

一度化学物質にさらされたり、あるいは長期間さらされることによって、その後、ごく微量の化学物質に接触した際に見られる不快な症状を意味します。その症状とは、頭痛、めまい、吐き気、目やのどの痛み、動悸、全身倦怠感などです。

いわば化学物質に対する拒否反応が、そうした症状となって現れると考えられます。人によっては、仕事や家事ができない、学校に行けないなど、通常の生活が困難になることがあります。

過酸化水素

過酸化水素の化学式は、H_2O_2です。水（H_2O）に酸素（O）が一つ余計に結合している化学構造をしています。過酸化水素は「活性酸素」の一種であり、強い反応性があります。また、反応性のひじょうに高い活性酸素のヒドロキシラジカルを分離するという特徴があります。

活性酸素は、細菌を殺す作用があるので、消毒薬のオキシドール（オキシフル）の成分として、過酸化水素が使われています。また活性酸素は、漂白作用があるため、過酸化水素は衣類などの漂白剤としても使われているのです。さらに過酸化水素は、食品添加物としての使用も認められていて、漂白剤として使われています。

しかし、過酸化水素には発がん性があります。飲料水に0・1％および0・4％の濃度で過酸化水素を溶かし、マウスに対して74日間あたえた実験で、十二指腸にがんが発生したのです。そのため食品添加物として使う際には、食品に残留してはならないという使用制限があります。

過酸化水素を含む衣料用漂白剤を使った場合、過酸化水素が口から入るということはありませんが、発がん性のあることが分かっている化学物質なので、それを使用すること自体、抵抗を感じる人もいるでしょう。

家庭用品品質表示法

この法律は、消費者が日常使用する家庭用品を対象に、商品の品質について、事業者が表示すべき事項や表示方法を定めたものです。これにより、消費者が商品を購入する際に適切な情報提供を受けることができるようにするために制定された法律です。対象商品は次の通りです。

［繊維製品］糸、織物、ニット生地、レース生地、コート、セーター、シャツ、ズボン、水着、ドレス及びホームドレス、ブラウス、スカート、事務服及び作業服、上衣、子供用オーバーオール及びロンパース、下着、寝衣、羽織及び着物、靴下、手袋、帯、足袋、帽子、ハ

ンカチ、マフラー、スカーフ及びショール、ネクタイ、毛布、布団カバー、敷布、布団など。
これらの商品に対して、繊維製品品質表示規程、繊維の名称を示す用語、繊維製品の表示について、洗濯表示などを定めています。

［合成樹脂加工品］ポリエチレンフィルム製又はポリプロピレンフィルム製の袋、台所などの容器、皿、まな板、製氷用器具、食事用の器具など、盆、水筒、カゴ、たらい、バケツ、洗面器、浴室用の器具、湯たんぽ、便所用の器具など。

［電気機械器具］エアコンディショナー、テレビジョン受信機、電気パネルヒーター、電気毛布、ジャー炊飯器、電子レンジ、電気コーヒー沸器、電気ポット、電気ホットプレート、電気ロースター、電気冷蔵庫、換気扇、電気洗濯機、電気掃除機、電気かみそり、電気ジューサーミキサー、電気ジューサー、電気ミキサー、卓上スタンドなど用蛍光灯器具

［雑貨工業品］合成洗剤、衣料用・台所用又は住宅用の漂白剤、ティッシュペーパー及びトイレットペーパー、障子紙、塗料、サングラス、浄水器、ショッピングカート、台所用のアルミニウムはく、合成ゴム製の台所容器・皿、まな板・製氷用器具・食事用器具・強化ガラス製器具、鍋、湯沸かし、魔法瓶、かばん、洋傘、靴、たんす、机、テーブルなど。

これらの製品については、それぞれ表示規程が定められていて、製品の内容が消費者に分かるように表示をすることになっています。たとえば、「合成洗剤」については、次のように定められています。

定義「界面活性剤又は界面活性剤及び洗浄補助剤その他の添加剤から成り、その主たる

洗浄作用が純石けん分以外の界面活性剤の界面活性作用によるもの（洗濯用は純石けん分以外の界面活性剤が界面活性剤の総含有量の30％を超えるものに限り、台所用は40％を超えるものに限る。研磨材を含むもの及び化粧品は除く）」

　法律用語なので分かりにくい面がありますが、それでも理解はできると思います。そして、製品の品名は、「洗濯用合成洗剤」、「台所用合成洗剤」、「浴室用合成洗剤」などとなります。成分は、界面活性剤の種類の名称を示す用語として、「直鎖アルキルベンゼンスルホン酸ナトリウム」、「アルキルエーテル硫酸エステルナトリウム」、「アルキルベタイン」などを表示することになっています。

　このほか、「衣料用・台所用又は住宅用の漂白剤」の場合、その定義は「主たる成分が酸化剤又は還元剤から成り、衣料品等の黄ばみ、しみ等を分離し、又は変化させて白くする化学作用を有するもの」です。また、成分の種類の名称を示す用語として、「次亜塩素酸ナトリウム」、「過酸化水素」などを表示することになっています。

❗カフェイン

　カフェインは、コーヒーや緑茶などに含まれるアルカロイドの一種です。アルカロイドとは、植物に含まれる成分で、人間に対してとても強い生理作用をもっています。コカインやモルヒネなどの麻薬や、タバコに含まれるニコチンも、アルカロイドの一種です。

　カフェインは、アルカロイドの中では作用が穏やかなほうですが、それでも大脳に作用して感覚や精神機能を敏感にし、眠気をさます働きがあります。ですから、夜コーヒーを飲むと、なかなか眠れなくなるのです。このほか、血管を収縮させたり、尿意をもよおさせたり、胃液を分泌させる働きもあります。

そのため、体が十分に発達していない子どもがカフェインをとると、脳などへの刺激が強すぎて、興奮したり、眠れなくなるので、コーヒーを子どもに飲ませない親も多いようです。

天然のカフェイン（コーヒー豆や茶葉から抽出）は、食品添加物（既存添加物）としての使用が認められています。そのため、エナジードリンクや栄養ドリンクに添加されることが多いのです。なお、「既存添加物」については、食品添加物の項を参照してください。

エナジードリンクや栄養ドリンクを飲むと、カフェインを摂取することになるので、その作用によって脳が覚醒され、「元気になった」という気分になるのでしょう。ただし、一度に何本も飲むと、カフェイン中毒を起こすことがあります。

❗カラギナン（カラギーナン）

食品添加物（既存添加物）の一つで、増粘剤やゲル化剤として、しゃぶしゃぶのたれ、ドレッシング、缶コーヒー、スープ、豆乳、乳飲料などに使われています。ミリン科やイバラノリ科などの海藻を乾燥してえられた「増粘多糖類」の一種です。

カラギナンの急性毒性（短時間で現れる毒性のこと）は弱いのですが、気になるデータがいくつもあります。ラットにカラギナンを15％および25％含むえさを50日間食べさせた実験で、4日目から下痢がはじまり、とくに25％群は激しく、血便が見られました。また、すべてが8日目から背中の毛が抜けはじめ、25％群とメスがひどく抜けました。

一方、4%のカラギナンを含むえさをラットに6ヵ月間食べさせた実験では、異常は見られませんでした。カラギナンが少なければ問題は起こらないようですが、大量の場合だと障害が起こってきます。天然添加物の場合、添加する量が多いケースもあるので、気になるところです。

サルでも実験がおこなわれています。アカゲザルに体重1kgあたり50mg、200mg、500mgを1週間に6日、5年間強制的に口からあたえ、それ以降の2年半はえさに混ぜてあたえた実験では、軟便、慢性的な腸の不調、食欲不振、衰弱が見られました。あたえる量が多くなるにしたがって便はやわらかくなり、同じように血便も増加しました。

また、ラットに発がん性物質をあたえて、さらにカラギナンを15%含むえさをあたえた実験では、結腸腫瘍の発生率が高くなりました。発がん物質をあたえずに、カラギナンを含むえさだけをあたえたラットでは、1匹に結腸腺腫が見られました。

このほか、ニワトリの受精卵に、カラギナンを0・1%含む水溶液を0・1mg投与した実験では、胚死亡率が高くなり、ヒナに脳露出、異常なくちばし、無眼症などが見られ、生まれたヒナは4日目で死亡が見られました。

カラギナンは、すでにいろいろな食品に使われていますが、こうしたデータを見る限り、安全とはいいがたいものです。

❗カラメル色素

食品添加物（既存添加物）の一つで、着色料として使われています。カラメル色素は、次の4種類があります。

カラメルⅠ…でん粉加水分解物、糖蜜または糖類の食品炭水化物を熱処理したもの。
カラメルⅡ…でん粉加水分解物、糖蜜または糖類の食品炭水化物に亜硫酸化合物を加えて熱処理して得られたもの。
カラメルⅢ…でん粉加水分解物、糖蜜または糖類の食品炭水化物にアンモニウム化合物を加えて熱処理して得られたもの。
カラメルⅣ…でん粉加水分解物、糖蜜または糖類の食品炭水化物に亜硫酸化合物およびアンモニウム化合物を加えて熱処理して得られたもの。

なお、「でん粉加水分解物」とは、デンプンに水分子を加えながら分解したもののことで、ぶどう糖がいくつも結合した状態のものができます。

ここで問題になるのは、「アンモニウム化合物」を加えて熱処理された「カラメルⅢ」と「カラメルⅣ」です。なぜかというと、熱処理によって、アンモニウム化合物が変化して、4-メチルイミダゾールという物質ができるのですが、これには発がん性があるのです。アメリカで行われた動物実験によって、4-メチルイミダゾールに発がん性が認められています。

厚生労働省では、これまでの動物実験で、カラメルⅢとカラメルⅣ自体には発がん性が認められていないため、添加物としての使用を禁止していません。しかし、カラメルⅢまたはカラメルⅣを含む飲料などを飲んだ場合、胃や腸などの中で4-メチルイミダゾールが溶けだしてきます。そして、胃や腸の粘膜細胞に作用することになります。その状態が繰り返し続いた場合、細胞が変異を起こして、がん化することはないのか、心配されるのです。

消費者としては、飲み物などにどのカラメル色素が添加されているのか知りたいところなのですが、原材料名には「カラメル色素」としか表示されていません。消費者庁が、そうした表示を認めているからです。そのため、Ⅰ～Ⅳのどのカラメル色素が添加されているのか分からないのです。

カラメルⅠとカラメルⅡには4-メチルイミダゾールは含まれず、安全性にそれほど問題はありません。ですから、それらが添加されている場合はそれほど危険性はないのですが、カラメルⅢまたはカラメルⅣが添加されている場合は、発がんのリスクが発生することになります。

カラメル色素は、コーラなどの飲み物以外にも、ソース、漬け物類、お菓子類、ラーメンスープ、カレールゥ、弁当類、焼き鳥、うなぎの蒲焼、ビールなどひじょうに多くの食品に使われています。したがって、その影響が懸念されるのです。

カロチノイド色素

食品添加物（既存添加物）の一つで、着色料として使われています。カロチノイド色素は、動植物に含まれる黄・だいだい・赤を示す色素の総称であり、パプリカ色素やトマト色素、アナトー色素、ニンジンカロテン、β-カロチンなどさまざまな種類があります。ただし、この表示からでは具体的な色素名はわかりません。

カロチノイド色素の多くは安全性に問題はありませんが、クチナシ黄色素（クチナシ色素の項参照）のように多少問題のあるものもあります。ただし、全般的に安全性は高いといえます。

GABA（ギャバ）

ギャバは、「**γ-アミノ酪酸**」の略称です。γ-アミノ酪酸は、甲殻類の神経部分や哺乳類の小脳や脊髄、大脳に多く含まれているアミノ酸の一種です。またトマトなどの野菜、米、チャ、大豆などにも含まれています。

γ-アミノ酪酸は、神経伝達物質の一種です。つまり、神経細胞と神経細胞との伝達役を担っている物質なのです。

γ-アミノ酪酸は、副交感神経を優位に働かせる効果があるとされていて、俗に睡眠効果がある、あるいはリラックス効果があるとされています。

カリ石けん素地

通常石けんとは、脂肪酸ナトリウム、すなわち植物油などに含まれる脂肪酸に、ナトリウム（Na）が結合したものです。一方、脂肪酸にカリウム（K）が結合したものが、脂肪酸カリウムで、「カリ石けん」と言われています。

石けん素地とは、脂肪酸ナトリウムのことであり、カリ石けん素地とは、脂肪酸カリウムのことです。脂肪酸カリウムは、水に溶けやすく、泡立ちがよいため、シェービング用などに使われています。

安全性や環境影響に関しては、脂肪酸ナトリウム（脂肪酸ナトリウムの項参照）と同程度です。

機能性表示食品

事業者の責任において、科学的根拠に基づいた機能性（働き）、たとえば「お腹の調子を整える」、「脂肪の吸収を抑える」、「糖の吸収を抑える」などを表示した食品のことです。販売する前に機能性や安全性に関する資料を消費者庁へ届け出なければなりませんが、機能性の内容を「届出表示」として製品に表示することができます。特定保健用食品とは異なり、消費者庁から個別の許可を受けたものではありません。

なお、事業者が届け出た資料は、消費者庁のホームページで公開されています。

❗黄4（黄色4号）

食品添加物の一つで、着色料として、かずのこ入り惣菜、練りうに、漬物（とくにたくあん）、ドロップ、あめ、和菓子、焼き菓子、かき氷シロップなどに使われています。このほか、化粧品や医薬部外品などにも、着色料として使われています。

黄4は、タール色素（タール色素の項参照）の中では、赤１０２と並んでよく使われています。急性毒性は弱いのですが、人間がとると、人によっては蕁麻疹を起こすことがあります。一種の拒否反応と考えられます。

黄4を１％含むえさでラットを育てた実験では、体重が減ってしまいました。また、２％

含むえさでは、下痢を起こしました。

動物や人間が下痢を起こすのは、害のある物質が体内に入ってきたとき、それを早く排泄するためです。黄4は、自然界にない化学合成物質なので、体がうまく処理できず、こうしたことが起こると考えられます。また、ビーグル犬にあたえられた実験では、胃炎を起こしました。

このほか、細胞の染色体を切断する作用があります。これは、細胞のがん化と深い関係があります。

! 黄5（黄色5号）

食品添加物の一つで、着色料として、お菓子や清涼飲料水、農水産加工品などに使われます。このほか、化粧品や医薬部外品などにも、着色料として使われています。

黄5の急性毒性は弱いのですが、人間が摂ると、人によっては蕁麻疹を起こすことがあります。

黄5を1％含むえさをイヌに2年間食べさせた実験では、体重が減って、下痢を起こしました。体がうまく処理できずに、早く排泄しようとするためと考えられます。

0・5～5％含むえさをラットに2年間食べさせた実験では、乳腺腫瘍がふえたという疑いがもたれました。それを確認するために、1％および2％含むえさを100匹のラットに2年間食べさせましたが、腫瘍の発生は認められなかったということで、いまも使用が認められています。

黄5の化学構造は、タール色素の赤2（赤色2号）に似ています。赤2については、アメリカで行われた動物実験で、「発がん性の疑いがある」という結論になり、同国では使用が禁止されました。したがって、黄5も同様な危険性があります。

金属封鎖剤（金属イオン封鎖剤）

石けんカスができるのを防ぐためのもので、**エデト酸塩（EDTA-2NaやEDTA-4Naなど）**がよく使われています。

石けん（脂肪酸ナトリウム）は、水道水中のカルシウムやマグネシウムなどのミネラルと結合すると、いわゆる「石けんカス」が発生します。これは、石けんとしての働きを持っていないので、洗浄力が低下することになります。

金属封鎖剤は、ミネラルを捕捉するので、石けんカスの発生を抑制することができます。そのため、石けん本来の洗浄力を発揮する部分が失われず、ミネラルを多く含む硬水でも、洗浄力が低下せずにすむのです。

なお、金属封鎖剤は、化粧品の劣化を防ぐ目的でも使われます。

ただし、エデト酸塩は、表示指定成分の一つなので、敏感肌の人の場合、刺激を感じたり、皮膚炎を起こしたりすることがあるかもしれません。

クエン酸

食品添加物の一つで、酸味料として使われています。クエン酸は、もともとレモンやみかんなどのかんきつ類に多く含まれる酸ですが、化学的に合成されたものが、酸味料やpH調整剤として使われています。

いろいろな食品に使われていますが、最近では、コンビニ弁当の具材に、保存性を高める目的で添加されています。安全性については、その由来から問題はありません。

クエン酸Na（ナトリウム）

食品添加物の一つで、酸味料や調味料として使われています。クエン酸に、ナトリウム（Na）を結合させたものが、クエン酸Naです。クエン酸と似たような使われ方をしています。

その由来から、安全性に問題はありません。ただし、ナトリウムを摂ることになるので、その点は頭に入れておく必要があるでしょう。

クチナシ色素

食品添加物（既存添加物）の一つで、着色料としてカップラーメン、生ラーメン、ガム、シロップ、茶そば、飲料、冷菓、リキュールなどに使われています。

アカネ科クチナシの実から、温水で抽出したのち、酵素を添加して分離することでえられます。クチナシ黄色素、クチナシ青色素、クチナシ赤色素があります。

ラットに対して、体重1kgあたりクチナシ黄色素5gを口からあたえましたが、死亡例は見られませんでした。解剖して調べたところ、異常は見られませんでした。

しかし、別のラットに同様に0・8～5gを口からあたえた実験では、下痢を起こしたほか、肝臓が出血して、それにともなう肝細胞の変性と壊死が見られました。クチナシ黄色素に含まれるゲニポサイドという物質が腸の中で変化して、こうした症状を引き起こしたと考えられています。

ラットに、クチナシ青色素を5％含むえさを13週間あたえた実験では、体重が減ったり、途中で死亡する例はなく、明らかな毒性は見られませんでした。

クチナシ赤色素の場合、マウスに対して、0・5、1・5、4・5％を混ぜたえさを21週間食べさせた実験では、毒性は認められませんでした。

グリセリン

食品添加物の一つで、溶剤として使われています。脂肪は、脂肪酸とグリセリンが結合した状態のものです。したがって、多くの食品にグリセリンが含まれていることになります。

グリセリンは、油脂から精製する、炭水化物を発酵または分解する、化学的に合成するなどのいずれかの方法でつくられています。動物実験では、急性毒性はほとんど見られず、その由来からも安全性に問題はありません。

グリチルリチン酸二カリウム

医薬品の成分として使われています。また、シャンプーなどの医薬部外品にも使われています。

グリチルリチン酸二カリウムは、漢方薬の甘草に含まれるグリチルリチン酸にカリウム

（K）を結合させたものです。抗炎症作用があるため、のどの腫れや痛みを鎮める目的で、風邪薬、鼻炎薬、胃腸薬、目薬などに幅広く使われています。

皮膚刺激性、眼刺激性、アレルギーはほとんどなく、安全性の高い成分として認識されています。

クルクミン

カレー粉の原料になっているウコンに含まれている黄色い色素成分です。俗にウコンは、肝臓の機能を高めると言われていますが、このクルクミンの働きによるものと考えられています。

しかし、国立研究開発法人の医療基盤・健康・栄養研究所のデータベース「『健康食品』の安全性・有効性情報」には、クルクミンについて、「俗に、『抗酸化作用がある』『肝臓によい』『発がん性を抑制する』などといわれているが、ヒトでの有効性・安全性については信頼できるデータが見当たらない」と書かれていました（なお、現在このデータベースは公開されていません）。

どうやら「クルクミンが肝臓によい」という科学的根拠は、確認されていないようです。

! クロルヒドロキシアルミニウム

塩素化合物の一種です。クロルヒドロキシアルミニウムは、汗腺の穴に入り込んで、ちょうどふたをするような状態になります。そのため、汗が外に出ることができなくなり、汗をかかなくなるというわけです。

皮膚刺激性やアレルギー性はほとんどないとされていますが、体温調節や老廃物の排泄の役割を果たしている汗を出ないようにするのは、体にとってよくないでしょう。

化粧品

医薬品や医薬部外品に関する法律である「医薬品医療機器等法」では、化粧品について定義していて、それは次のような内容です。

「この法律で『化粧品』とは、人の身体を清潔にし、美化し、魅力を増し、容貌を変え、又は皮膚若しくは毛髪を健やかに保つために、身体に塗擦、散布その他のこれらに類似する方法で使用されることが目的とされている物で、人体に対する作用が緩和なものをいう」

ただし、医薬品や医薬部外品は除外されます。したがって、ボディソープやシャンプーは化粧品に該当することになります。そのほか、肌クリームや化粧水、口紅なども化粧品ということになります。

合成界面活性剤

「界面活性剤」とは、界面（物質の境の面）に作用して、その性質を変える物質のことです。基本的には、水になじみやすい「親水基」と油になじみやすい「親油基」を持っていて、この構造によって、水と油など混じりにくいものを混じりやすくします。石けんや洗剤は、この性質を利用して汚れを落とすものです。

界面活性剤のうち、石油製品などを原料として、化学的に合成されたものを「合成界面活性剤」といいます。**直鎖アルキルベンゼンスルホン酸ナトリウム（LAS）、アルキルエーテル硫酸エステルナトリウム（AES）、ポリオキシエチレンアルキルエーテル（POERまたはAE）、アルキル硫酸エステルナトリウム（AS）**などがあり、台所用洗剤や洗濯洗剤、柔軟剤、歯磨き剤などの成分として使われています。

香料

食品添加物として使われるほか、化粧品や医薬部外品などにも使われています。

食品添加物として使える香料は、合成のものが約１６０品目、天然のものが約６００品目あります。いちごやパイナップルなど、特定の香りをつけるために、ガム、アイスクリーム、グミ、清涼飲料水、乳酸菌飲料、果汁飲料、シリアル、あめ・キャンディ、フルーツヨーグルトなど、実に数多くの食品に使われています。

合成香料は、石油製品などを原料として、化学的に合成されたものです。一方、天然香料は、植物や海藻などから抽出した香り成分です。通常何品目も組み合わせて、独特の香りをつくり出しますが、その組み合わせは企業秘密になっていて、消費者は知ることができません。添加量が０・０１％以下と少ないことから、毒性が現れにくいとされています。

しかし、合成香料の中には毒性の強いものがあり、サリチル酸メチルは、２％含むえさをラットに食べさせた実験で、49週ですべてが死亡しました。また、ベンズアルデヒドは、マウスに１日に体重１kgあたり０・２～０・６gを週５日２年間投与した実験で、前胃の腫瘍発生率を増加させました。このほかフェノール類、イソチオシアン酸アリル、エーテル類なども毒性があります。

また、天然香料も安全性の疑わしいものがあります。たとえば、「コカ（ＣＯＣＡ）」。麻薬の原料となる植物のコカです。

なお、香料は、化粧品や医薬部外品にも幅広く使われています。

コラーゲン

たんぱく質の一種で、それを摂ると各種のアミノ酸に分解され、それらを原料として体内でのコラーゲンの生成が促進されます。コラーゲンは体の中で皮膚にもっとも多く存在しているので、コラーゲンを摂ることで皮膚の状態がよくなるため、「肌にいい」と言われているのです。

人間の体で一番多いのは水で、60～75％が水ですが、次に多いのがたんぱく質で15～20％です。たんぱく質は体の基本物質と言えるものです。そのたんぱく質のうち約30％がコラーゲンであり、体内のたんぱく質で最も多いのです。それだけ重要な物質であるということです。

コラーゲンは、皮膚、血管、軟骨、骨、歯、眼、腱、内臓など全身に分布していて、体にとって不可欠なものです。とくに皮膚には体内のコラーゲンの40％が存在しています。そして20％は骨や軟骨に、残りは血管や眼などに存在しているのです。したがって、コラーゲンの生成が十分でなくなると、体のいたるところに障害が発生することになるのです。

コラーゲンはとても大切なたんぱく質なのですが、ちょっと特殊な面を持っています。というのは、意外にそれを構成するアミノ酸の数が少ないのです。コラーゲンは、アミノ酸の一種のグリシンが約3分の1を占めていて、プロリンとヒドロキシプロリンというアミノ酸が約20％ずつ、そしてアラニンというアミノ酸が約10％となっています。

グリシンは、最も単純な構造のアミノ酸で、水に溶けやすいという性質があります。プロリンとヒドロキシプロリンは、コラーゲンの安定性を維持しています。アラニンは、体内のエネルギー代謝において重要な役割を担っているアミノ酸です。コラーゲンは、主にこれら4種類のアミノ酸で構成されたものであり、これらが体内にないとコラーゲンは生成されないことになります。

人間の体は前述のように15～20％をたんぱく質が占めていますが、そのたんぱく質は20種類のアミノ酸で構成されています。その20種類のうち、リジンやバリン、ロイシンといった9種類のアミノ酸は体内で作ることができず、食品として摂取しなければなりません。これらを必須アミノ酸と言います。

コラーゲンを構成するグリシン、プロリン、ヒドロキシプロリン、アラニンは必須アミノ酸ではありません。ですから人間の体内でも作られるのですが、さらに外から補給してあげたほうが、コラーゲンの原料がより豊富となって、コラーゲンがより多く生成されるようになると考えられます。

「ゼライス」（マルハニチロ）や「クックゼラチン」（森永製菓）などのゼラチンパウダーは、その原料供給源となるものです。

ゼラチンは、豚、牛、魚などから抽出したコラーゲンを少しだけ分解したものです。ですから「ゼラチン＝コラーゲン」と言っても過言ではありません。

ゼラチンには、コラーゲンを構成するグリシン、プロリン、ヒドロキシプロリン、アラニンがそのまま含まれているのです。そのゼラチンから水分を取り除いて粉末状にしたものがゼラチンパウダーなのです。

【さ行】

❗サッカリンNa（ナトリウム）

食品添加物の一つであり、ダイエット甘味料などに使われています。また、うがい薬に医薬品添加物として使われています。そのほか、歯磨き剤や洗口液（マウスウォッシュ）などにも使われています。しかし、発がん性の疑いが持たれているのです。

サッカリンNaが、食品添加物として使用が認められたのは、１９４８年と古いのですが、１９７３年にアメリカからサッカリンNaに発がん性があるという情報が入ってきました。５％含むえさをラットに2年間食べさせた実験で、子宮や膀胱にがんが発生したのです。そこで、日本の厚生省（当時）は、いったん使用を禁止しました。

ところが、その実験に使われたサッカリンNaには不純物が含まれていて、それががんを発生させたという説が有力になりました。そのため、同省は使用禁止を解除して、再び使えるようになったのです。

その後、1980年にカナダで発表された実験では、サッカリンNaを5％含むえさをラットに2世代にわたって食べさせたところ、2代目のオス45匹中8匹に膀胱がんが見られました。

一方で、カニクイザルやアカゲザル、アフリカミドリザルなどにサッカリンNaを投与した実験では、膀胱にがんの発生は認められませんでした。そのため、厚生労働省は、使用を禁止しようとせず、今も使われているのです。

しかし、サッカリンNaは、人間に白血病を起こすことが判明しているベンゼンという化学物質に、毒性物質の二酸化硫黄（SO_2）、さらに窒素（N）、酸素（O）、ナトリウム（Na）を結合させたものです。

がんは、細胞の遺伝子の変異によって発生します。サッカリンNaの化学構造を見る限り、ベンゼンと同様に正常な細胞に作用し、その遺伝子を変異させて、がん化させる可能性を否定できないのです。なお、ふつう「サッカリン」といえば、サッカリンNaのことです。サッカリンは水に溶けにくいため、ほとんど使われていません。

! 酸化チタン

食品添加物の一つであり、着色料として使われています。また、化粧品や医薬部外品には、安定剤として使われています。

酸化チタンは、無機化合物であり、一般に皮膚刺激性やアレルギー性、眼刺激性などは認められないとされています。しかし次のような気になるデータがあります。

空気１立方メートル中に酸化チタン塵を10mg、50mg、２５０mg存在させ、その空気中にラットを１日に６時間置くことを一週間に５日行い、それを２年間続けた実験で雌雄ともに２５０mg群で肺がんの発生率が増加しました（『第７版食品添加物公定書解説書』廣川書店刊より）。

この実験は酸化チタンを吸入させたものであり、口から摂取した場合も同様な影響が現れると考えられます。一方、皮膚に塗った場合にどんな影響が出るかは分かっていませんが、できれば塗りたくない物質といえるでしょう。

❗次亜塩素酸Na（ナトリウム）

次亜塩素酸Naは、「カビキラー」（ジョンソン）や「ハイター」（花王）の主成分でもあり、強力な漂白作用と殺菌作用があります。食品添加物としても使用が認められていますが、急性毒性がもっとも強い添加物です。

次亜塩素酸Naをマウスに、体重１kgあたり12mg（０・０１２ｇ）食べさせると、半数が死亡するというデータがあります。人間の推定致死量は、わずか茶さじ１杯です。まさしく毒物なのです。ですから、カビや細菌を退治できるのです。

次亜塩素酸Naを０・２５％含む飲料水をラットに２週間飲ませた実験では、いちじるしく体重が減ってしまいました。消化管が傷つけられて、消化・吸収がうまくできなくなったためでしょう。ほかに、次亜塩素酸Naを使っていた洗濯業者に皮膚炎が見られたという報告もあります。

こんなに毒性の強い化学合成物質ですから、原液をそのまま使うということはありません。水でうすめて使うわけです。それにしても、危険なものです。

❗紫外線吸収剤

ＵＶＡ（紫外線Ａ波）やＵＶＢ（紫外線Ｂ波）を吸収して熱などのエネルギーに変換することで、皮膚への影響を軽減します。一般に日焼け止めクリームに使われている紫外線吸収剤としては、次のようなものがあります。

・**メトキシケイヒ酸エチルヘキシル**…とくにＵＶＢを吸収して熱などのエネルギーに変換することで、皮膚への影響を軽減します。皮膚刺激性や眼刺激性はほとんどなく、また皮膚感作性（アレルギー性）や光感作性もほとんどないとされています（『化粧品成分オンライン』より。以下同じ）。ちなみに光感作性とは、化学物質が光に当たることで変化し、再び同じ物質が皮膚に塗られた際に光が当たるとアレルギーを起こすということです。

・**ビスエチルヘキシルオキシフェノールメトキシフェニルトリアジン**…ＵＶＡもＵＶＢも吸収します。皮膚刺激性、眼刺激性、皮膚感作性はほとんどありませんが、光感作性のデータは見当たりません。

・**エチルヘキシルトリアゾン**…とくにＵＶＢを吸収します。皮膚刺激性と皮膚感作性はほとんどありませんが、眼刺激性はわずかにあります。光感作性については、データが見当たりません。

・**ジエチルアミノヒドロキシベンゾイル安息香酸ヘキシル**…とくにＵＶＡを吸収します。皮膚刺激性と皮膚感作性はほとんどありませんが、眼刺激性はわずかにあります。光感作性については、ほとんどありません。

紫外線散乱剤

紫外線を物理的に散乱させることで皮膚への影響を軽減します。日焼け止めクリームに使われている紫外線散乱剤は、主に酸化チタンです（酸化チタンの項参照）。ちなみに、酸化チタンは、ＵＶＡもＵＶＢも防ぎます。

指定医薬部外品

これは、もともとは医薬品であった一部のものが、２００９年度の薬事法（現・医薬品医療機器等法）の規制緩和によって指定医薬部外品に移行し、コンビニやスーパーなどでも販売できるようになったものです。

医薬品と同等の「効能・効果」を表示することができます。栄養ドリンク、のど用のドロップ、整腸剤などがあります。

脂肪酸カリウム

カリ石けんともいいます。通常石けんというと、脂肪酸ナトリウムのことですが、この「ナトリウム」が「カリウム」に代わったものが、脂肪酸カリウムです。実質的にはどちらもほとんど変わりません。脂肪酸カリウムは、水に溶けやすく、泡立ちがよいため、シェービング用などに使われています。

脂肪酸ナトリウム

通常石けんとは、脂肪酸ナトリウムのことです。天然の油脂を水酸化ナトリウムと反応させると、油脂中の各種の脂肪酸がナトリウムと結合して、脂肪酸ナトリウムができます。それを精製して、不純物の少ない石けんを作るのです。

石けんは紀元前から使われていたとされています。日本には16世紀半ばにポルトガルやスペインからもたらされました。石けんの最大の特徴は、その利用の長い歴史によって安全性が保証されていることです。

脂肪酸ナトリウムの急性毒性は弱く、動物を半数以上死亡させる経口投与量は、体重1kg当たり10g以上であり、「実際上無毒」とされています。皮膚刺激性も弱く、発がん性や催奇形性もないことが確認されています。ただし、眼刺激性があるので、目に入らないように注意する必要があります。

また、脂肪酸ナトリウムは川や湖沼に流れ込んでも分解されやすく、8日間でほぼ分解されます。魚介類や水生植物に対する影響も少ないことが分かっています。

ジメチコン

シリコーン樹脂の一種で、ジメチルポリシロキサンともいいます。化粧品などに使われています。

溶剤や油性基剤として使われているほか、シャンプーには、髪の毛をなめらかにしてツヤを向上させる目的で配合されています。

皮膚刺激性や眼刺激性はほとんどなく、アレルギー性もほとんどないとされています（『化粧品成分オンライン』より）。

食品添加物

食品添加物（添加物）は、米や小麦粉などの穀類、野菜類、果物類、しょうゆ、みそ、塩、砂糖などの食品原料を使って、加工食品を製造する際に添加されるものです。添加物は、食品行政の基本法である食品衛生法で、次のように定められています。

「食品の製造の過程において又は食品の加工若しくは保存の目的で、食品に添加、混和、浸潤その他の方法によって使用する物」（同法第4条）。つまり、食品原料を使って食品を製造する際に、加工しやすくしたり、保存性を高めたりするなどの目的で、添加するものということです。つまり、食品原料とはまったく別物ということです。

添加物には、「**指定添加物**」と「**既存添加物**」があります。指定添加物は、厚生労働大臣が「使用してよい」と定めたものです。化学的合成品がほとんどですが、天然物も少しだけ含まれます。

既存添加物は、国内で広く使用されていて長い食経験があり、例外的に使用が認められているもので、既存添加物名簿に収載されたものです。これらは、すべて天然物（植物、海藻、昆虫、細菌、鉱物など）から得られたもの、すなわち天然添加物です。

２０２３年10月現在で、指定添加物は４７５品目、既存添加物は３５７品目あります。これら以外の品目を添加物として使用することは禁止されています。

なお、指定添加物と既存添加物のほかに、「一般飲食物添加物」と「天然香料」というものがあります。一般飲食物添加物とは、一般に食品として利用されているものを添加物の目的で使用するというもので、約１００品目がリストアップされています。

また、天然香料は、自然界の植物や昆虫などから抽出された香り成分で、なんと約６００品目がリストアップ。ただし、一般飲食物添加物と天然香料はリストアップされていないものでも使用することができます。その点が、前の指定添加物と既存添加物との大きな違いです。

食品（食品原料）は、人間が長い間食べ続けて、安全性が確認されているものです。しかし、添加物は違います。添加物が一般に使われ出したのは第二次世界大戦後で、まだ80年くらいしか経っていません。しかも、その安全性は人間ではなく、すべてネズミやイヌなどの動物を使った実験によって調べられたものにすぎません。したがって、人間が摂取して本当に安全かどうかは分かっていないのです。

食物繊維

食物繊維とは、胃や腸で消化されない炭水化物のことです。セルロース、ヘミセルロース、ペクチン、キチンなどがあります。食物繊維は栄養にならないため、以前はほとんど注目されませんでしたが、今は「第六の栄養素」として重要視されています。

まず食物繊維は消化されずに大腸内を通過し、水分を吸収して便の容積を増やします。そのため大腸が刺激されて排便がスムーズになるのです。また有害物質を吸着して便とともに排出させるので、腸内をきれいにして大腸がんになるリスクを低減します。さらに胆汁酸を吸収して、コレステロールの再吸収を防ぐことで、血中コレステロールの量を減らします。

こうした働きが注目されているのです。ただし、摂りすぎると下痢を起こすことがあるので、その点は注意して下さい。

シリコーン樹脂

シリコーン樹脂（単に「シリコーン」といわれることもある）は、ケイ素（シリコン）を含む有機化合物（ケイ素樹脂）のことです。自然界には存在しません。

シリコーン樹脂は、ケイ素と酸素が結合した「シロキサン結合」を骨格として、そこに有機物（炭素を含む物質のこと）が結合して、様々な種類ができます。いわゆる「シロキサン」のことで、化粧品などに使われているジメチコン（ジメチルポリシロキサン）やシクロメチコン（シクロペンタシロキサンとシクロヘキサシロキサンの混合物）などは、シリコーン樹脂の一種です。

シリコーン樹脂の安全性は高いのですが、一時期、シャンプーに配合されているものが毛穴に詰まったり、毛髪にダメージを与えるということで話題になりました。ただし、それに対して反論も多く発表されました。そうこうしているうちに、そのことは話題にならなくなったようです。

シロキサン

ケイ素（Si）と酸素（O）を骨格とする化学合成物質で、「Si－O－Si」結合（シロキサン結合）を持つものの総称です。鎖状骨格を持つ「鎖状シロキサン」と、環状骨格を持つ「環状シロキサン」に大別されます。

ジメチコンも、シロキサンの一種です。ほかに、シクロテトラシロキサン、シクロペンタシロキサン、シクロヘキサシロキサンなどが知られています。化粧品には、溶剤や油性基剤として使われています。皮膚刺激性やアレルギー性は弱いとされています。

❗水酸化K（カリウム）

化粧品などに、pH（ペーハー）を調整する（酸性度・アルカリ度の調整をして中和する）ために使われています。水酸化ナトリウムと同様にたんぱく質変成作用があり、皮膚を溶かす心配があります。ただし、化粧品などに配合されたほかの成分と化学反応を起こして（中和して）、残っていないと考えられます。

水酸化Na（ナトリウム）

水酸化Ｋと同様に化粧品などに、pH（ペーハー）を調整するために使われます。また、カビ取り剤や漂白剤に、主成分の次亜塩素酸Naを安定化させるために配合されています。たんぱく質変性作用があり、皮膚を溶かす心配があります。また誤って目に入ると、角膜が溶けて失明する恐れがあります。したがって、取り扱いには十分な注意が必要です。

ただし、化粧品などに配合された場合、ほかの成分と化学反応を起こして（中和して）、残っていないと考えられます。

スクラロース

１９９９年に使用が認可された食品添加物の一つで、甘味料として使われています。砂糖の約６００倍の甘味があるため、とくにダイエット甘味料として、清涼飲料水、サプリ飲料、缶コーヒー、ドレッシング、デザートなどに使われています。

スクラロースは、原料となるショ糖の三つの水酸基（-OH）を塩素（Cl）に置き換えることで作られます。ショ糖は有機化合物であり、それに塩素が結合しているので、有機塩素化合物ということになります。

農薬のＤＤＴやＢＨＣ、カネミ油症事件を引き起こしたＰＣＢ（ポリ塩化ビフェニル）、そして猛毒のダイオキシンなども有機塩素化合物です。有機塩素化合物は、自然界ではほとんど発生しないもので、すべて毒性物質といっても過言ではありません。

妊娠したウサギに、1日に体重1kgあたり0・7gのスクラロースを強制的に食べさせた実験では、親ウサギが下痢を起こし、それにともなう体重減少が見られ、死亡や流産が一部で見られました。また、スクラロースを5％含むえさをラットに4週間食べさせた実験では、脾臓や胸腺のリンパ組織に萎縮が見られました。ラットの実験では、脳内にも入ることが分かっています。

さらに、スクラロースはひじょうに分解されにくい化学合成物質であり、人間の体内にとりこまれた場合、血液とともに全身に回って、いわば「人体汚染」を起こすといえるでしょう。

DDTやBHC、ダイオキシンなどの有機塩素化合物は、分解されずに地球環境中をぐるぐる巡って、「環境汚染」を引き起こしています。同じ有機塩素化合物であるスクラロースも体内で分解されずに血流に乗って全身を巡っており、その意味では「人体汚染」を引き起こしているといえます。

❗ステビア

食品添加物（既存添加物）の一つで、甘味料として使われています。ステビアは、南米原産のキク科のステビアの葉から、熱水で抽出し、精製してえられた甘味成分です。おもな成分は、ステビオシドとレバウジオシド。

ステビアの葉は、不妊・避妊作用があるといわれます。ステビアの葉および茎から熱水で抽出したものを、試料としてラットに18日間あたえた実験では、妊娠率が21〜28％と低下し、

50〜60日間の回復期間のあとでも、36〜48％という妊娠率でした。

ただし、これは古い実験で、その後、妊娠可能なラットに対して、その実験の20〜30倍も濃度の高いステビア抽出液を、交配期間を含む18日間、飲料水として自由に飲ませた実験では、出産率は83・３％と高く、生まれた子どもの数も対照群と変わりありませんでした。そのため、不妊・避妊作用は否定される傾向にあります。

しかし１９９９年、ＥＵ（欧州連合）委員会は、ステビアが体内で代謝してできる物質（ステビオール）が、動物のオスの精巣への悪影響があり、繁殖毒性が認められたという理由で、使用を承認できないという結論を出しました（ただし、安全性について再検討が行われ、同委員会は２０１１年12月から、１日に体重１kgあたり４mg以下の摂取におさえるという条件つきで使用を認めています。しかし、不安が完全に払拭されたわけではありません）。

石けん素地

無添加石けんの製品に、「石けん素地」と表示されていますが、これは脂肪酸ナトリウムのことです。天然の油脂を水酸化ナトリウムと反応させると、油脂中の各種の脂肪酸がナトリウムと結合して、脂肪酸ナトリウムができます。それを精製して、不純物の少ない石けんを作ります。一般に石けんとは、脂肪酸ナトリウムのことです。

石けんは紀元前から使われていたとされていて、日本には16世紀半ばにポルトガルやスペインからもたらされました。つまり、人間が使用している期間がひじょうに長く、その使用経験から安全性が保証されているといえます。

ゼラチン

ゼラチンは、たんぱく質の一種であり、コーヒーゼリーやフルーツゼリーなどを作る際に使われます。

動物の体内に含まれるコラーゲンを熱処理によって、少し分解したものがゼラチンです。コラーゲンの構造は、らせん状の細長い分子が3本、より合わさるようになっていて、三重らせんのようになっています。この状態のところに熱を加えると、3本の分子がほぐれてバラバラの状態になります。これが、ゼラチンです。

成分的にはコラーゲンもゼラチンもほとんど変わりません。なお、ゼラチンから水分を取り除いて粉末状にしたものが、ゼラチンパウダーです。

セルロース

植物の細胞壁を構成する成分で、ぶどう糖（グルコース）が鎖状にたくさん結合したものです。地球上でいちばん多い炭水化物です。消化されないので、食物繊維の一種ということになります。

海藻セルロース（海藻を乾燥させ、粉砕してえられたもの）、サツマイモセルロース（サツマイモの根茎からえられたもの）、トウモロコシセルロース（トウモロコシの種皮からえられたもの）などは、一般飲食物添加物（食品添加物の項参照）として、食品の粘性を増す目的などで使われています。その由来から、安全性に問題はありません。

増粘多糖類

食品添加物（既存添加物）の一種で、ゲル化剤や増粘剤として使われています。

増粘多糖類は、樹皮、海藻、豆、細菌、酵母などから抽出された粘性の多糖類で、食品に粘りやトロミをつけたり、ゲル状に固めるために使われます。ドレッシングやしゃぶしゃぶのたれ、スープ、果実飲料、乳飲料、ソース、ゼリー、デザート食品など実に多くの食品に使われています。増粘多糖類は、以下のとおりです。

アウレオバシジウム培養液／アグロバクテリウムスクシノグリカン／アマシードガム／アラビアガム／アラビノガラクタン／アルギン酸／ウェランガム／エレミ樹脂／カシアガム／ガティガム／カードラン／カラギナン／カラヤガム／カロブビーンガム／キサンタンガム／キチン／キトサン／グァーガム／グァーガム酵素分解物／グルコサミン／酵母細胞壁／サイリウムシードガム／サバクヨモギシードガム／ジェランガム／タマリンドシードガム／タラガム／デキストラン／トラガントガム／トロロアオイ／納豆菌ガム／微小繊維状セルロース／ファーセレラン／フクロノリ抽出物／プルラン／ペクチン／マクロホモプシスガム／モモ樹脂／ラムザンガム

これらは、1品目が添加された場合、物質名が表示されます。たとえば、アラビアガムが添加されれば、「増粘剤（アラビアガム）」と表示されます。

ところが、アラビアガムやグァーガムなど2品目以上添加した場合、なぜか「増粘多糖類」という略称表示でよいのです。

そのため、具体的に何が使われているのかわかりません。まったくおかしな話なのですが、これが現実なのです。

増粘多糖類の中で、カラギナン（カラギナンの項参照）やトラガントガム（トラガントガムの項参照）など、いくつか問題のあるものがあります。しかし、「増粘多糖類」という表示では、それらが使われていても消費者にはわかりません。きちんとすべてを物質名で表示するような制度にあらためるべきです。

ソルビトール

食品添加物の一つで、甘味料として使われています。ソルビトールは、ソルビットともいい、甘納豆やお菓子類、ジュース、乳酸菌飲料、あん類、ソース、漬物、佃煮など多くの食品に使われています。

ソルビトールは、もともと植物に含まれる甘味成分で、とくに果実や海藻などに多く含まれています。いまは、デンプン、麦芽糖、ぶどう糖などからつくられています。甘味度は砂糖の60％とそれほど甘くないのですが、低カロリーのため、たくさんの食品に使われているのです。

もともと果実などに含まれる成分ですから、毒性は弱く、急性毒性はほとんどありません。ソルビトールを10％および15％という高い割合でえさに混ぜて、ラットに食べさせ、4世代にわたって調べた実験では、異常は見られませんでした。

人間にも食べさせる実験がおこなわれています。食事とともにソルビトールを1日に40g

長期間摂っても、異常は見られませんでした。ただし、1日に50g以上摂ると、腸で吸収されにくくなって、下痢を起こすことがあります。しかし、日常の食品でこれほど大量に摂ることはないので、問題はないでしょう。

❗ソルビン酸K

食品添加物の一つで、保存料として使われています。ソルビン酸（これも保存料の一つ）にカリウム（K）を結合させたものが、ソルビン酸Kです。水に溶けやすいので、汁の多い漬物や、シロップ、ジャム、ワイン、佃煮、チーズ、ハム、ソーセージなど多くの食品に、腐るのを防ぐ目的で使われています。

ラットに、ソルビン酸Kを5％含むえさを3ヵ月間食べさせた実験では、体重のふえ方が悪くなりました。ラットの食欲が低下したか、消化管の働きが悪くなったためと考えられます。

ソルビン酸Kには、動物の細胞の染色体を切断したり、細菌の遺伝子の修復をさまたげる作用があります。これは、人間の細胞の遺伝子を突然変異させて、細胞をがん化させる可能性があるということです。

タール色素

タール色素が作り出されたのは19世紀の半ばで、コールタールを原料としていたため、この名がつけられました。

実はコールタールは、世界で初めて動物実験で発がん性が証明された物質です。1910年代に、ウサギの耳にコールタールを塗りつづけるという実験がおこなわれ、がんの発生が認められたのです。

そのため、その後コールタールに代わって、石油製品がタール色素の原料に使われるようになりました。

タール色素は、実に多くの種類があって、食品のほかにも、化粧品、入浴剤、医薬品、消臭剤など様々な製品に使われています。

食品添加物として認可されているタール色素は、全部で12品目です。**赤2、赤3、赤40、赤102、赤104、赤105、赤106、黄4、黄5、青1、青2、緑3**。これらは「アゾ結合」や「キサンテン結合」という独特の化学構造をもっています。

こうした化学構造をもつ化学物質は、発がん性や催奇形性（胎児に障害をもたらす毒性）のあるものが多く、添加物として使われているタール色素も、その疑いがもたれています。またこれら12品目のうち、動物実験でがんを発生させたものもあります。

タール色素は自然界に存在しない、ひじょうに分解されにくい化学合成物質であるため、体にとりこまれた場合でも分解されにくく、ホルモンや免疫などのシステムを乱す心配もあります。ですから、できるだけ摂らないようにしたほうがよいのです。

❗第四級アンモニウム塩

陽イオン合成界面活性剤（逆性石けん）の一種で、塩化ベンザルコニウムや塩化ベンゼトニウムなどがあります。

細菌の細胞膜透過性を変化させたり、細胞外層を破壊することによって、細菌を殺します。細菌やカビ、酵母に効果があります。そのため、消毒剤として用いられるほか、化粧品や目薬などに防腐剤として使われています。

タウリン

タウリンは栄養ドリンクや目薬などの成分として使われています。含硫アミノ酸様化合物（硫黄を含むアミノ酸に近い物質）の一つで、イカやタコ、貝類、甲殻類、魚類に多く含まれています。

血液中のコレステロールや中性脂肪を減らしたり、肝臓の働きを高めるなどの働きがあるとされています。

炭酸水素Na（重曹）

食品添加物の一つで、pH調整剤として使われるほか、膨張剤として単独で、あるいはほかの膨張剤と組み合わせて使われます。

炭酸水素Naをイヌに3〜4週間連続して口からあたえた実験では、総量が150gになると、嘔吐や下痢を起こし、衰弱して死亡しました。炭酸水素Naの毒性は低いのですが、あまりに大量に投与されると、死んでしまうようです。

胃腸薬としても使われていて、ふつう1日に3〜5g内服します。ただし、炭酸水素Naが使われたクッキーやケーキなどを食べると、口に違和感を覚えることがあります。

ドラッグストアでは、炭酸水素ナトリウムが「重曹」として、洗浄剤として売られています。一般に安全な洗浄剤として認識されています。

❗直鎖アルキルベンゼンスルホン酸塩（LAS）

直鎖アルキルベンゼンスルホン酸ナトリウムのことで、洗濯洗剤などの成分として使われています。略称はLASです。

LASは、合成界面活性剤の中では毒性がもっとも強いものです。LASについては、1970年代前半に三重大学の三上美樹教授（当時）が、動物実験によって催奇形性（胎仔に障害を起こす毒性）のあることが認められたというデータを公表したため、その使用の是非をめぐって社会的な問題となりました。

そこで、京都大学、広島大学、名古屋大学、三重大学の四大学による催奇形性に関する合同実験が実施されました。それぞれの大学で、妊娠ラットに対して、LASの溶液を皮膚に塗る、または経口投与して、胎仔に障害が発生するかどうかを調べたのです。その結果、三重大学の実験では、胎仔に胸骨の異常などが見られたため、「催奇形性がある」との判断が下されました。しかし、ほかの三大学の実験では、明らかな異常が認められませんでした。そのため、最終的には「ＬＡＳに催奇形性はない」という結論に至りました。しかし、その疑いは、今も完全に払拭されてはいないのです。

ＬＡＳは石けん（脂肪酸ナトリウム）やほかの合成界面活性剤に比べると分解されにくく、河川や湖沼を汚染するという問題もあります。とくに魚への影響が大きく、その生息数を減らしている可能性があります。また、動物プランクトンや植物プランクトンにも悪影響をおよぼしていると考えられます。

！ディート

虫よけスプレーに、忌避成分、すなわち虫を寄せつけないようにする成分として使われています。

ディート（ジエチルトルアミド）は、アメリカ軍が兵士を蚊などから守るために、１９４０年代に開発した薬剤です。１９９０年８月に勃発した湾岸戦争でも使われました。しかし、その後帰還した兵士の一部に、記憶力減退、頭痛、疲労感、皮疹などの症状が現れ、ディートとの関係が疑われました。

そこで、アメリカのデューク大学では、ラットにディートを皮膚に塗る実験を行い、感覚運動機能の異常、神経伝達系への影響、大脳皮質や小脳の神経細胞死などが観察されました。ちなみに、その結果は２００１年と２００４年に公表されました。

ただし、この実験に対しては、「実験方法に不備がある」「常に少数例で論じられていて、再現性に乏しい」などの問題点が指摘されました。

日本の厚生労働省では、この実験結果などを踏まえて、ディートについて、「6か月未満の乳児には使用しないこと」という注意を表示させることを決めましたが、使用を禁止するには至りませんでした。しかし、スプレーした際に吸い込むこともあるので、肺などに悪影響をおよぼすことはないのか、不安が残ります。

糖アルコール

糖アルコールとは、糖の特定の部分に水素（H）が結合した状態のものです。ソルビトール、マルチトール、エリスリトールなどがあります。甘味度は、一般に砂糖に比べると劣ります。

ただし、糖アルコールは化学的に安定した物質で、熱や酸・アルカリによって分解や着色が起こりにくいという特徴があります。また、微生物の栄養源になりにくいため、食品の日持ち向上にも役立ちます。消化・吸収もされにくいため、低カロリーです。

特定保健用食品（トクホ）

「お腹の調子を整える」、「脂肪の吸収を抑える」、「糖の吸収を抑える」、「コレステロールを減らす」などの特定の保健機能を持つ「関与成分」を含んでいる食品のことです。その保健機能を「許可表示」として、製品に表示することができます。

特定保健用食品として販売するためには、食品ごとに有効性や安全性に関する資料を消費者庁に提出し、その審査を受けて、許可を得なければなりません（健康増進法第43条第１項）。

DHA（ドコサヘキサエン酸）

サバやサンマ、イワシ、マグロなどの青魚に多く含まれる不飽和脂肪酸の一種です。ＤＨＡやＥＰＡ（エイコサペンタエン酸）、α－リノレン酸は、オメガ3脂肪酸といわれます。これらは人間の体内で作ることができないため、食品などから摂る必要があります。ＤＨＡは、悪玉（ＬＤＬ）コレステロールを減らして、動脈硬化を防ぐとされています。そのため、心筋梗塞になるリスクが低下するといわれています。

さらにＤＨＡは、認知機能の低下を防ぐ効果があることが分かっています。国立長寿医療研究センターでは、「老化に関する長期縦断疫学研究（通称ＮＩＬＳ－ＬＳＡ〈ニルス・エルエスエー〉）」の研究の一環として、地域に在住する60歳以上の人々のデータを用いて、血液中のＤＨＡの濃度の高い人と低い人では、10年後の認知機能に差があるかを調べました。

その結果、血液中のＤＨＡ濃度が最も低い人たち（59～１３８μg／mℓ）に比べて、中程度（１３８～１７５μg／mℓ）あるいは高い人たち（１７５～３５４μg／mℓ）は、10年後に認知機能が低下するリスクが、０・１１倍、０・１７倍低下することが分かりました。

❗トラガントガム

食品添加物（既存添加物）の一つで、増粘剤やゲル化剤として、ゼリー菓子やソース、ドレッシングなどに使われています。マメ科の植物であるトラガントの分泌液を乾燥してえられた「増粘多糖類」の一種です。しかし、発がん性の疑いを示すデータがあるのです。

トラガントガムを1・25%および5%含むえさを、マウスに96週間食べさせた実験で、メスの体重がやや少なくなり、前胃に乳頭腫、がんの発生が見られました。ただし、あたえた量が多くなるにしたがって、がんの発生率も高くなるという用量依存性がなかったため、「発がん性がある」とは認められませんでしたが、不安を感じさせるデータです。

このほか、トラガントガムは重い症状を起こすアレルゲンになりうるとの報告があります。

トラネキサム酸

化粧品などに配合されている成分です。肌の内部のメラニン色素の生成を抑制して、シミやそばかすができるのを防ぐとされています。皮膚刺激性やアレルギー性はほとんど認められていません。

【な行】

難消化性デキストリン

デキストリンとは、ぶどう糖がいくつも結合した状態のもので、炭水化物の一種です。工業的には、デンプンを酵素などによって分解することで製造されています。その由来から添加物ではなく、食品として扱われています。

デキストリンの中で、消化されにくいものが「難消化性デキストリン」です。胃や腸で消化されない炭水化物を「食物繊維」といいます。したがって、難消化性デキストリンは、食物繊維の一種ということになります。

ぶどう糖がいくつも結合したものなので、安全性に問題はありません。そもそも消化管からほとんど吸収されないので、体に対する影響はほとんどありません。

食物繊維は消化されずに大腸内を通過し、水分を吸収して便の容積を増やします。そのため大腸が刺激されて排便がスムーズになります。また、有害物質を吸着して便とともに排出させるので、腸内をきれいにして大腸がんになるリスクを低減します。

ただし、難消化性デキストリンは消化されにくいため、たくさん摂りすぎると下痢を起こすことがあるので、その点は注意が必要です。

乳果オリゴ糖

オリゴ糖は、ぶどう糖や果糖などの単糖が少数個（2〜10個程度）結びついたものです。消化されにくいため低カロリーで、しかも腸まで届いてビフィズス菌などの善玉菌のえさとなって、それらを増やして腸内環境をよくするとされています。

オリゴ糖には数多くの種類がありますが、「乳果オリゴ糖」は、乳糖と砂糖を原料に作られたもので、砂糖に近い甘味があります。

【は行】

パラジクロルベンゼン

パラジクロルベンゼンを成分とした衣料用防虫剤は、ひじょうに刺激性のあるにおいがします。パラジクロルベンゼンが揮発しているからです。

人間に白血病を引き起こすことが判明しているベンゼンに、毒性の強い塩素（Cl）が結合したもので、有機塩素化合物の一種です。燃やすと酸化して、猛毒のダイオキシンが発生する可能性大です。

パラジクロルベンゼンは、動物実験で発がん性が認められています。マウスへの経口投与では肝臓に、またラットへの経口投与では、腎臓にがんの発生が認められているのです。さらに、マウスに吸入させた実験でも、肝臓にがんの発生が認められています。

パラベン

パラベンの正式名は、パラオキシ安息香酸エステル類です。食品添加物の一つで、保存料として、醤油、果実ソース、清涼飲料水、シロップ、果実・果菜の表皮などに使われます。

添加物として認められているパラベンは、5品目あります。**イソブチルパラベン、イソプロピルパラベン、エチルパラベン、ブチルパラベン、プロピルパラベン**です。

それほど動物実験がおこなわれていないようで、データがあまり見当たりません。イソプロピルパラベンは、２・５％および５％含むえさをラットに13週間食べさせた実験で、肝臓が障害をうけたときに上昇するγ‐ＧＴＰがふえました。

エチルパラベンは、２％含むえさをラットに食べさせた実験で、最初の２か月間は成長が悪くなりました。ブチルパラベンの場合、８％含むえさをラットに食べさせた実験で、オスはすべてが死亡し、メスも多くが死亡しました。

パラベンは、化粧品や医薬部外品などにも防腐剤として使われています。表示指定成分の一つであり、皮膚障害やアレルギーなどを起こす可能性があります。

❗ BHT（ジブチルヒドロキシトルエン）

抗酸化作用が強いため、化粧品や医薬部外品に、油脂などが酸化して変質することを防ぐ目的で配合されています。ＢＨＴは食品添加物としての使用も認められていて、酸化防止剤として使われます。ただし、発がん疑惑物質であるため食品への利用は少なくなっています。雌雄のマウスにＢＨＴを０・０５％と、０・５％含むえさを10か月間食べさせた実験では、０・０５％群で雄マウスの58％に、０・５％群では同28％に肝腫瘍の発生が認められました。ほかにＢＨＴを０・３％と、０・６％含むえさをマウスに１０７〜１０８週間食べさせた実験では、雄マウスで細気管支／肺胞上皮腫または細気管支／肺胞上皮がんが０・３％群で46匹中16匹に、０・６％群では50匹中７匹に認められました。

ただし前者の実験では、雌マウスには肝腫瘍の発生は認められませんでした。また後者の実験の場合、ラットに対しても同様な実験が行われましたが、腫瘍やがんの発生は認められませんでした。これらの結果から、「ＢＨＴに発がん性がある」という結論には至っていません。

しかしＢＨＴは、人間に白血病を起こすことが明らかになっているベンゼンを骨格とした化学合成物質で、ベンゼンと同様に細胞の遺伝子を変異させてがん化させる可能性があります。

ビタミンB_1

食品添加物の一つで、栄養強化剤（強化剤）として使われています。

ビタミンB_1は「**チアミン**」ともいわれ、その化学構造は解明されており、化学的に合成されています。そしてそれが添加物として使われているのですが、添加物のビタミンB_1として使われているのは、チアミンそのものではなく、その類似物質です。

それは、チアミン塩酸塩、チアミン硝酸塩、チアミンセチル硫酸塩、チアミンチオシアン酸塩、チアミンナフタレン－1,5－ジスルホン酸塩、チアミンラウリル硫酸塩などです。

チアミン塩酸塩は、チアミンに塩酸を結合させることで作られます。そしてチアミン塩酸塩をもとに、チアミン硝酸塩などそのほかのものが製造されています。これらはいずれも別個の化学物質であり、性質や毒性も違います。しかしチアミンの類似物質ということで、添加物のビタミンB_1として使うことが認められており、どれを使っても、「ビタミンB_1」という表示でよいのです。

チアミンそのものはビタミンの一種であり、安全性に問題はありません。ところが、その類似物質は、そうではありません。チアミン塩酸塩の場合、ラットに対して、１日に体重１kgあたり２gという大量を経口投与した実験では、体重が急激に減少し、４〜５日目に５匹中３匹が死亡しました。解剖すると、肝臓、脾臓、腎臓の腫大が認められました。

ただしチアミン塩酸塩を最高で０・１％えさに混ぜて、ラットに６か月間食べさせた実験では、体重、臓器重量について、対照群との間に有意な差は見られず、解剖や病理学的検索でも有意な差は見られませんでした。これらの実験結果から、チアミン塩酸塩を大量に動物に投与すると、害が発生するということになります。

ビタミンB_1は梅干しによく使われていますが、それはチアミンラウリル硫酸塩です。保存性を高める働きがあるため使われているのです。その毒性は動物実験の結果などからチアミン塩酸塩と同程度と考えられます。

また、チアミン硝酸塩、チアミンセチル硫酸塩の毒性もチアミン塩酸塩と同程度です。チアミンナフタレン－1,5－ジスルホン酸塩の毒性は、動物実験の結果からチアミン塩酸塩よりやや弱いと考えられ、チアミンチオシアン酸塩は、動物実験のデータが少なく、比較ができない状況です。

❗表示指定成分

１９８０年に当時の厚生省が皮膚炎やアレルギー、がんなどを起こす可能性があるとして、医薬部外品や化粧品に表示を義務付けた化学合成物質です。１００品目以上あります。

ただし化粧品については、２００１年4月から全成分を表示することが義務付けられたため、表示指定成分もその他の成分も区別なく表示されることになりました。そのため表示指定成分の制度は、実質的に意味をなさなくなりました。しかし医薬部外品については、この制度は今も続いているのです。

ちなみに日本化粧品連合会などの業界団体が、医薬部外品についても全成分表示を行うという自主基準を設けたため、化粧品と同様にすべての成分が表示されるケースが多くなっています。しかしこれはあくまで自主基準なので、それが守られていない製品もあります。

表示指定成分である化学合成物質を含む化粧品や医薬部外品を使った場合、敏感肌の人の場合、皮膚炎やアレルギーを起こす心配があるので、注意が必要です。

❗ピレスロイド系殺虫剤

ゴキブリスプレーや殺虫剤、蚊取り線香、電子蚊取り、燻煙剤などに使われています。除虫菊に含まれる殺虫成分のピレトリンを真似て化学合成されたもの（ピレトリンの類似物質）で、昆虫には、神経毒として作用します。

ピレスロイド系殺虫剤は、一般に人間に対する毒性は弱いとされていますが、それでも一度に大量に吸い込むと、悪心（気分が悪くなること）、嘔吐、下痢、頭痛、耳鳴り、強い眠気などが見られ、重症になると、呼吸障害やふるえなどを起こすこともあります。また、皮膚過敏症や気管支ぜんそく、鼻炎、結膜炎などを起こすこともあります。

化学物質過敏症の人の場合、ごく微量の化学物質でも頭痛、めまい、吐き気、動悸、全身倦怠感などの症状が現れるので、ゴキブリスプレーや蚊取り線香などの使用には、注意が必要です。

プロスタグランディン

プロスタン酸骨格を持つ生理活性物質で、体内で作られます。様々な種類があり、強い生理活性性作用があります。局所ホルモンとも言われます。

プロスタグランディンの生理活性作用は、血圧低下、血小板凝集、子宮収縮、平滑筋収縮、末梢血管拡張、発熱・痛覚伝達など多岐にわたります。この作用が、頭痛や生理痛を誘発することになるのです。

たとえば、何らかの原因で血流が悪くなった時、それを改善しようとプロスタグランディンが分泌されて血管が拡張します。その際、知覚も刺激されるため、結果的に痛みとなって現れるのです。これが脳内で起こると頭痛となります。また、月経の際にプロスタグランディンは子宮を収縮させて血液を排出させますが、分泌量が多いと収縮が強くなりすぎて、きりきりとした痛みを感じることがあります。これが生理痛です。

プロスタグランディンは、人間が生存するために不可欠な物質ですが、それが場合によっては、強い痛みを引き起こすことがあるのです。

頭痛・生理痛薬は、このプロスタグランディンの発生を抑えるものですが、その発生には何らかの原因があるはずで、痛みを根本からなくすためには、その原因を見つけて、解消する必要があるでしょう。

pH調整剤

食品添加物の一種で、その名のとおり、食品のpH（ペーハー）すなわち酸性度やアルカリ度を調整するためのものです。食品の味や食感は、pHの微妙な違いによって変わってくるので、欠かせないものになっています。

pH調整剤は、クエン酸やコハク酸など〝酸〟が多いので、酸味をつける目的でも使われています。

さらに、保存性を高めるためにも使われています。この目的で使われることもとても多く、コンビニの弁当やおにぎり、サンドイッチ、惣菜など多くの食品に添加されています。

もともと食品に含まれている酸が多く、毒性の強いものは見当たりません。クエン酸や乳酸、リンゴ酸など全部で35品目程度ありますが、どれをいくつ使っても、「pH調整剤」という一括名しか表示されないので、具体的に何が使われているのか分かりません。

ベントナイト

食品添加物（既存添加物）の一つです。粘土鉱物の一種であり、主成分は、含水ケイ酸アルミニウムです。石けん歯磨き剤にも使われていますが、皮膚刺激性はほとんどなく、アレルギー性もほとんどないとされています。

防除用医薬部外品

医薬品医療機器等法（薬機法）で定義されている、害獣や虫を駆除するための製品で効能・効果を表示することができます。ゴキブリスプレー、蚊取り線香、電子蚊取り、虫よけスプレー、殺虫剤、殺鼠剤などが該当します。

ポピドンヨード

ヨードうがい薬に使われている成分です。ポリビニルピロリドンという化学合成物質にヨウ素＝ヨードを結合させたものです。うがい薬では、それから分離した有効成分のヨウ素が、のどに付着している細菌やウイルス、真菌（カビの一種）などを殺菌します。ちなみに、エイズウイルスやB型肝炎ウイルスにも有効だといいます。

ポリオキシエチレンアルキルエーテル（ＰＯＥＲまたはＡＥ）

合成界面活性剤の一種です。動物による急性毒性試験では、毒性分類は「弱い」という結果になっています。たんぱく質変成作用も弱く、それだけ刺激性も弱いということです。ただし、魚への影響が強いことが分かっています。

１９８３年に横浜市の団地内を流れる川でコイの大量死が発見され、市の公害研究所（当時）が調べたところ、川の水からＰＯＥＲが19ｐｐｍ（ｐｐｍは１００万分の１を表す濃度の単位）検出されました。

そこで、ＰＯＥＲの19ｐｐｍ溶液を作ってコイを入れると、２分以内に死んでしまい、えらの病理変化が川で死んでいたコイと同じでした。そのため川のコイの死因は、ＰＯＥＲと断定されたのです。

❗ポリソルベート類

界面活性作用があり、化粧品などに乳化剤（水と油を混じりやすくする）として使われています。

また、ポリソルベート20（モノラウリン酸ポリオキシエチレンソルビタン）、ポリソルベート60（モノステアリン酸ポリオキシエチレンソルビタン）、ポリソルベート65（トリステアリン酸ポリオキシエチレンソルビタン）、ポリソルベート80（オレイン酸ポリオキシエチレンソルビタン）は、食品添加物としての使用が認められており、ホイップクリームやドレッシングなどに使われます。しかし、**ポリソルベート60とポリソルベート80は、発がん性の疑いがあるのです。**

ポリソルベート60の場合、原液を週２回あるいは６回、マウスの皮膚に塗布する試験では、30週以上経過した動物の40～50％に良性の皮膚腫瘍の発生が認められました。ただし、塗布を続けていると、腫瘍の大部分は退縮しました。

「良性腫瘍」とはいえ、腫瘍が発生したということは、細胞の遺伝子に何らかの変異があり、異常な細胞が発生したということです。それが「40～50％」で起こったというのは、見過ごせない結果です。

また、ポリソルベート80の場合、ラット20匹に対して、６％の水溶液を２mℓ、週３回皮下

注射し、それを40週間続けたところ、11匹に注射部位に繊維肉腫ができました。ちなみに肉腫とは、がんのことです、

注射による実験ですが、肉腫ができたということは、やはり異常な細胞が発生し、増えてがんになったということです。それが20匹中11匹で起こったということですから、これも見過ごせない結果です。

以上のことから、ポリソルベート60とポリソルベート80については、発がん性の疑いがあると言わざるをえません。

【ま行】

ミコナゾール硝酸塩

細菌の細胞膜を破壊することで菌を殺します。水虫の原因である白癬菌にも効果があるため、水虫薬にも使われています。ただし発赤、かぶれ、灼熱感、疼痛、かゆみ、接触皮膚炎などの副作用が現れることがあります。

メトキサジアゾン

医薬品の成分として使われているものです。神経伝達物質のアセチルコリンを分解する酵

素（アセチルコリンエステラーゼ）を阻害する作用があります。昆虫にもその効果があるようで、ゴキブリスプレーに配合されています。ピレスロイド系殺虫剤に抵抗性のあるゴキブリにも効果があるのが特長です。

しかし、人間の体内でもアセチルコリンが機能しているので、吸い込んだ場合、神経に悪影響が出ないのか懸念されます。

❗メトフルトリン

ピレスロイド系殺虫剤の一種です。揮発性が高いのが特徴で、空間に広がるため、蚊取り製品に使われています。

ピレスロイド系殺虫剤は、除虫菊に含まれる殺虫成分のピレトリンを真似て化学合成されています。一般に人間に対する毒性は弱いとされていますが、それでも一度に大量に吸い込むと、悪心（気分が悪くなること）、嘔吐、下痢、頭痛、耳鳴り、強い眠気などが見られ、重症になると、呼吸障害やふるえなどを起こすこともあります。また、皮膚過敏症や気管支ぜんそく、鼻炎、結膜炎などを起こすこともあります。

化学物質過敏症の人は、ごく微量の化学物質を吸い込んだ場合でも、頭痛、めまい、吐き気、動悸、全身倦怠感などの症状が現れるので、注意が必要です。

毛母細胞

毛髪は、毛幹（毛の部分）と毛根部とに分類されています。毛根部では、毛細血管を通って運ばれてきた栄養素と酸素が毛乳頭に運ばれ、さらにその周辺の毛母細胞に送られます。

毛母細胞はいわば毛の元になる細胞で、その細胞が増殖して角化することによって毛が形成され、押し上げるように成長していくのです。そして、その表面にできるウロコ状のものがキューティクルです。

ところが、シャンプーに含まれるラウレス硫酸Naなどの合成界面活性剤、さらに防腐剤や酸化防止剤などが毛穴の隙間から浸透して、毛乳頭や毛母細胞にダメージをあたえている可能性があります。それが日々繰り返されると、毛が作られにくくなって、結果的に薄毛になっていくと考えられます。

【や行】

! 焼ミョウバン

焼ミョウバンとは、**硫酸アルミニウムカリウム**のことです。局所の収れん作用、すなわち汗腺や皮脂腺の開口部を収縮させて汗を出にくくします。また、汗に含まれているアンモニアに対して、消臭効果があります。これらによって、汗臭を防ぐのです。

ただし、焼ミョウバンの濃い液は、局所を腐食して炎症を引き起こします。ですから、敏感肌の人は注意が必要です。

なお、焼ミョウバンは、食品添加物としての使用も認められています。漬物類や煮物類に、色を保つ目的で使われています。

UVA

ＵＶＡは、紫外線Ａ波のことです。波長の長い紫外線で肌の奥深くまで到達し、皮膚のコラーゲンを変性させてシワを誘発するとされています。

日焼け止めクリームには、「ＰＡ＋＋＋＋」という表示があります。ＰＡは「Protection Grade of UVA」の略で、ＵＶＡを防ぐ効果を表す指標です。「ＰＡ＋」から「ＰＡ＋＋＋＋」の4段階あり、順に効果が高くなっていきます。

UVB

ＵＶＢは、紫外線Ｂ波のことです。波長の短い紫外線で、肌の浅い部分にダメージを与えます。そのため肌が赤くなったり、メラニン色素が沈着してシミやそばかすができたり、また皮膚がんの原因ともなります。

日焼け止めクリームには、「ＳＰＦ50＋」という表示があります。ＳＰＦは「Sun Protection Factor」の略で、「紫外線防御効果」という意味です。ＵＶＢを防ぐ指標で、数字が大きいほどその防御効果が高く、最大が「50＋（51より大きい）」です。

❗陽イオン界面活性剤

合成界面活性剤の一種です。直鎖アルキルベンゼンスルホン酸ナトリウム（ＬＡＳ）やアルキルエーテル硫酸エステルナトリウム（ＡＥＳ）などの代表的な合成界面活性剤は、水に溶けるとマイナスに帯電します。これを陰イオン界面活性剤といいます。一方、陽イオン系界面活性剤は、プラスに帯電するもので、逆性石けんとも言われています。

殺菌成分の塩化ベンザルコニウム（ベンザルコニウム塩化物）や塩化セチルピリジニウム（セルピリジニウム塩化物）、塩化ベンゼトニウム（ベンゼトニウム塩化物）などがこれに該当します。これらは、細菌の細胞膜を破壊することなどによって、細菌を殺します。細菌やカビ、酵母に効果があるため、消毒剤やうがい薬として用いられるほか、化粧品や医薬部外品、医薬品などに防腐剤としても使われています。

【ら行】

❗ラウリル硫酸ナトリウム

合成界面活性剤の**アルキル硫酸エステルナトリウム（ＡＳ）の一種**です。たんぱく質変成作用が比較的弱いとされ、主に歯磨き剤やシャンプーなどに使われています。歯磨き剤を使って歯を磨くと、舌や歯肉に刺激を感じますが、その一因になっていると考えられます。

❗ラウレス-4、ラウレス-9、ラウレス-16

合成界面活性剤のポリオキシエチレンアルキルエーテル（POERまたはAE）の一種です（ポリオキシエチレンアルキルエーテルの項参照）。ボディソープなどに配合されています。

❗ラウレス硫酸Na

合成界面活性剤の**アルキルエーテル硫酸エステルナトリウム（AES）の一種**です。AESは、台所用洗剤の主成分ですが、何種類かあって、代表的なのがポリオキシエチレンラウリルエーテル硫酸ナトリウムです。その化粧品成分名が「ラウレス硫酸Na」なのです。

AESには、皮膚刺激性があります。ポリオキシエチレンラウリルエーテル硫酸Na、すなわちラウレス硫酸Naの0・25％溶液をヒト29人に対して48時間貼付した実験で、6人にかすかな紅斑が、1人に明瞭な紅斑が、1人に強い刺激反応が認められました。皮膚がデリケートな人は、それだけ刺激を感じると考えられます。

ラカンカ（羅漢果）

ラカンカは、ダイエット甘味料の「ラカントS」（サラヤ）の原材料である「ラカンカエキス」と「ラカンカ抽出物」の原料となっているものです。

ラカンカは、中国の広西チュワン族自治区に生息するウリ科の植物で、その地方ではその実を乾燥させて砕いてお茶として飲んだり、料理に甘味料として利用しています。

ラカンカエキスやラカンカ抽出物は、ラカンカの実から得られたものです。ラカンカは現地の人が食用として利用しているので安全性にそれほど問題はないと考えられますが、日本人はあまり口にしたことがないので、人によっては合わないことがあるかもしれません。

ラクトフェリン

母乳や涙液、唾液などに含まれるたんぱく質の一種で、感染防御に必要な成分です。人間の初乳にとくに多く含まれていて、乳児における細菌やウイルスなどの感染を防ぐ重要な成分です。

また、腸内環境を改善し、腸管免疫システムの維持に役立つとされています。そのため、ラクトフェリンを成分としたサプリメントが販売されています。

第 5 章

化学合成物質の基礎の基礎知識

化学合成物質は二種類に大別される

ドラッグストアで販売されている製品には、数多くの化学合成物質が使われています。ドリンク類やダイエット食品などには食品添加物、うがい薬や歯磨き剤などには有効成分と添加物、化粧品には各種の化粧品成分、洗剤には合成界面活性剤、ゴキブリスプレーや蚊取り線香にはピレスロイド系殺虫剤など。これらは、ほとんどが人工的に合成されたもの、すなわち化学合成物質なのです。

化学合成物質は、石油製品などから作られたものですが、それは次の二種類に大別することができます。

①　ビタミンCやビタミンA、あるいはクエン酸や乳酸、各種アミノ酸のように、**自然界に存在する物質を真似て化学合成したもの。**ビタミンCなどは化学構造が分かっています。そのため、それをいわば「設計図」として、人工的に合成されています。

②　タール色素の黄５（黄色５号）や赤１０６（赤色１０６号）、合成甘味料のスクラロースやアセスルファムK、サッカリンNa、防腐剤の塩化ベンザルコニウムやパラベン、合成界面活性剤のアルキルエーテル硫酸エステルナトリウム、ピレスロイド系殺虫剤など、**自然界に存在しない化学合成物質**です。これらは人間が新たに作り出したものであり、そ

れだけ未知の部分が多いのです。

これらの化学合成物質は、性状や効果、毒性などがそれぞれ違っていて、その特性に応じて様々な用途に使われています。たとえば、ビタミンCの場合、体にとって不可欠な栄養素であり、安全性も高いので、食品添加物の栄養強化剤として使われています。また、抗酸化作用があるので、酸化防止剤（食品が酸化して変質するのを防ぐ）としても使われています。

さらにビタミンCは、歯茎からの出血を防ぐ医薬品のほか、ビタミン剤やビタミンサプリにも使われています。またクエン酸は、やはり安全性が高いため、食品添加物の酸味料として使われています。このほか洗浄剤としても使われています。

一方、タール色素の黄5の場合、鮮やかな黄色を出すことができるため、食品添加物の着色料として使われています。また、のど用ドロップ・トローチなどの医薬部外品、さらに化粧品にも使われています。タール色素は光や酸素の影響を受けにくく、時間が経過しても色落ちしないという特徴があります。そのため様々な製品に使われているのです。

このほか、塩化ベンザルコニウムは、強い殺菌力があります。そのため目薬などの医薬品、さらに医薬部外品や化粧品などの防腐剤として使われています。しかし、毒性が強いためか、食品添加物としての使用は認められていません。

アルキルエーテル硫酸エステルナトリウムの場合、界面活性作用があるため、食器や衣服などに付着した油を落とすことができます。そのため台所用洗剤や洗濯洗剤として使われています。その他の化学合成物質も、特性や毒性などを考慮して、それぞれ用途が決められているのです。

自然界に存在しない化学合成物質は要注意

ところで、安全性の観点から見て問題になるのは、②に属する化学合成物質です。というのも、**自然界に存在しないものであるため、口から入った場合、人間の体はそれらをうまく処理することができません**。つまり、消化酵素などによって分解して、最終的に水や二酸化炭素などといった無害な物質に変えることができないのです。

そのため、胃や腸からそのまま吸収されて血液中に入り、全身をぐるぐる巡って、各臓器の細胞に達するものが少なくありません。そして、その物質に毒性があれば、細胞を傷つけてその臓器の機能を低下させたり、あるいは細胞の遺伝子を変異させて、がん化を引き起こす可能性もあるのです。

また、化粧水や肌クリーム、ボディソープ、シャンプーなどの場合、成分が直接皮膚に付着します。そのため、皮膚炎を起こしたり、アレルギーが発生することがあります。自然界に存在しない化学合成物質であるため、肌が拒否反応を起こすことがあるからです。

ドラッグストアで売られている食品や飲料、化粧品、医薬部外品、医薬品、その他の製品に使われているものは、②のものが圧倒的に多く、それだけ人体に悪影響をおよぼす可能性の高いものが多いと考えられるのです。

食品添加物で危険なものは？

では、具体的に見ていきましょう。まずコラーゲンドリンクやダイエット食品などの飲料・食品に含まれる食品添加物。黄４や黄５、赤１０６などのタール色素、スクラロースやアセスルファムＫ、アスパルテーム、サッカリンNaなどの合成甘味料、安息香酸Naなどの保存料、ＢＨＴなどの酸化防止剤など、本書で問題にしてきたものは、すべて②のものです。

一方、サプリメントなどに使われているビタミンＡやＣ、Ｅなどは、①に属します。しかも、もともと食品に含まれているものであるため、その安全性は高いのです。クエン酸や乳酸、あるいはバリンやロイシンなどのアミノ酸も、こちらに属するものです。いずれも安全性は高く、体にとって栄養になるものです。

結論としては、②に属するもので、アスパルテームやサッカリンNaのように発がん性の疑いがあったり、安息香酸Naのように急性毒性が強かったりというものについて、とくに注意を払うべきなのです。第１章の『「買ってはいけない」商品』で取り上げた飲料や食品は、こうした化学合成物質を含んでいる製品です。

医薬部外品の有効成分や添加物は？

次にうがい薬や歯磨き剤、洗口液（デンタルリンス）、マウススプレーなどですが、これらは医薬部外品です（ただし、ヨードうがい薬は第3類医薬品）。医薬部外品とは、医薬品医療機器等法で定められた、医薬品と化粧品の中間的存在の製品です。

口臭や体臭を防止したり、肌のあせもやただれを防いだり、脱毛を防いだりという具合に、一定の効果が期待されるもので、「効能・効果」を表示できます。それらに含まれる「有効成分」あるいは「成分」は、多くが②に当てはまるものです。また、医薬部外品向けの「添加物」が使われていますが、これらも多くは②に当てはまるものです。

これらの「有効成分」「成分」「添加物」の中で、発がん性の疑いがあるなど危険性の高い化学合成物質を含む製品について、第1章で取り上げて、その問題点を指摘しています。

一方、日焼け止めクリームや化粧水、肌クリーム、ボディミルクなどは、化粧品に当たります。化粧品というのは、幅が広くて、定義も曖昧ですが、医薬品医療機器等法では、次のように定義しています。

「この法律で『化粧品』とは、人の身体を清潔にし、美化し、魅力を増し、容貌を変え、又は皮膚若しくは毛髪を健やかに保つために、身体に塗擦、散布その他のこれらに類似する方法で使用されることが目的とされている物で、人体に対する作用が緩和なものをいう」

この定義に従うと、いわゆる化粧品といわれるものだけでなく、ボディソープやシャンプー、コンディショナーなども化粧品に該当することになります。基本的に医薬品や医薬部外品は除外されますが、「グリチルリチン酸二カリウム」など抗炎症作用のある有効成分を含んでいるシャンプーなどは、医薬部外品になります。またボディソープの中でも、「薬用」と表示されたものがありますが、これは医薬部外品です。ハンドソープや薬用石けんなども医薬部外品です。

「表示指定成分」は要注意

化粧品に使われている成分は膨大な数に上り、**日本化粧品工業会の「化粧品の成分表示名称リスト」に載っているものは、１５００を超えています。**その中でも②に該当するものがひじょうに多いのです。そして、それらは一つ一つ安全性を見ていかなければなりません。

一方で、「コメヌカエキス」や「ツバキ種子エキス」などのエキス類、また「コメ胚芽油」や「コメヌカ油」などの植物油は、自然界に生息する植物から抽出されたもので、天然物ということになります。こちらは、危険性の高いものはまずありません。

化粧品の場合、口紅などのように一部口内にその成分が入るものがありますが、多くは口からは入りません。肌に成分が付着したり、髪に付着したりということになります。したがって、口から入る飲料や食品、うがい薬や歯磨き剤などとは、成分が人体にあたえる影響は当然ながら違ってきます。

化粧品で一番問題になる成分は、「表示指定成分」です。これは、１９８０年に当時の厚生省が皮膚炎やアレルギー、がんなどを起こす可能性があるとして、化粧品や医薬部外品に表示を義務付けた化学合成物質で、１００品目以上あります。

ただし化粧品については、２００１年4月から全成分を表示することが義務付けられたため、表示指定成分もその他の成分も区別なく表示されることになりました。そのため表示指定成分なのか、それ以外の成分なのか、消費者にはほとんどわからなくなりました。

一方、医薬部外品については、日本化粧品連合会などの業界団体が、全成分表示を行うという自主基準を設けたため、化粧品と同様にすべての成分が表示されるケースが多くなっています。しかしこれはあくまで自主基準なので、それが守られていない製品もあります。ともあれ、「表示指定成分」になっているものについては、注意する必要があります。

医薬成分は効果がある反面、副作用もある

医薬品は、風邪薬や頭痛・生理痛薬、下痢止め、目薬など様々な種類がありますが、すべて厚生労働省の製造承認を受けたものです。成分の一部は、「日本薬局方」に収載されています。日本薬局方は、医薬品医療機器等法に基づいて、厚生労働大臣が、薬事・食品衛生審議会の意見を聞いて、公示する医薬品の規格基準書です。日本国内で繁用されている医薬品

が中心に収載されています。

日本薬局方はデータベースになっていて、インターネットから誰でもアクセスして、どんなものが収載されているか見ることができます。たとえば、頭痛・生理痛薬に使われている「アセトアミノフェン」の場合、ア行を検索すると、ずらずらと成分名が出てくるので、「アセトアミノフェン」をクリックすると、化学式や分子量、化学構造などが出てきます。同じく頭痛・生理痛薬に使われる「イブプロフェン」についても、同様です。

日本薬局方には、漢方薬の成分も載っています。たとえば、「葛根湯」の成分である「カッコン（葛根）」、「ケイヒ（桂皮）」、「マオウ（麻黄）」など、あるいは便秘薬の成分である「ダイオウ（大黄）」や「カンゾウ（甘草）」なども載っています。こうして医薬品の成分として使われているものがどんなものか、知ることができるのです。

医薬品に使われている化学合成物質は、①と②に属するもの、両方があります。前述のようにビタミンＣ（アスコルビン酸）の原末が第３類医薬品として売られていますが、これは①に該当します。ビタミンＥ（トコフェロール）も日本薬局方に載っている医薬成分ですが、①に該当するものです。

一方、「アセトアミノフェン」や「イブプロフェン」は、②に該当する化学合成物質です。どちらも解熱鎮痛作用がありますが、体内では、いわば「異物」となって、それに免疫が反応して、まれにアナフィラキシーショックという激しいアレルギー反応を起こすことがあります。また、発疹、かゆみ、吐き気、嘔吐、食欲不振などの副作用が現れることがあります。

「ロキソニンＳ」（第一三共ヘルスケア）の成分のロキソプロフェンナトリウム水和物も、②に該当します。発熱や痛みを起こすプロスタグランディンの生成を抑える作用は強いのですが、アセトアミノフェンやイブプロフェンよりも強い副作用が現れることがあります。

医薬品の成分は、それぞれ効果が認められているのですが、一方で副作用もあります。ただし、①に該当するビタミン類などは、副作用はないと言っていいでしょう。

また、医薬品の場合、使用できる添加物が決まっていて、それは「医薬品添加物」と言われており、食品添加物と重なるものもあります。

洗剤や殺虫剤の正体

台所用洗剤、洗濯洗剤、お風呂用洗剤などに使われているのは、合成界面活性剤です。「界面活性剤」とは、界面（物質の境の面）に作用して、その性質を変える物質のことです。基本的には、水になじみやすい「親水基」と油になじみやすい「親油基」を持っていて、この構造によって、水と油など混じりにくいものを混じりやすくします。

その点では、脂肪酸ナトリウム（石けん）も界面活性剤の一種です。ただし、これは古くから使われており、その点で安全性も保証されているものです。**近年になって人工的に作られているＬＡＳ（直鎖アルキルベンゼンスルホン酸ナトリウム）やＡＥＳ（アルキルエーテル硫酸エステルナトリウム）などは、合成界面活性剤と言われており、安全性も不確かな面があるの**

です。合成界面活性剤は②に該当します。

一方、カビ取り剤やトイレ用洗浄剤などの主成分は、次亜塩素酸Naです。これも当然ながら②に該当します。ドラッグストア製品に入っている成分の中でも、もっとも毒性の強いものであり、使い方を誤ると猛毒の塩素ガスが発生し、それを吸い込んで死亡することもあります。

ゴキブリスプレーや蚊取り線香、電子蚊取りなどに使われているのは、ピレスロイド系殺虫剤です。昔から蚊取り線香に使われている「除虫菊」には、ピレトリンという独特の殺虫成分が含まれています。この化学構造は分かっていて、それを真似て人工的に合成されたものが、ピレスロイド系殺虫剤です。

アレスリンやメトフルトリン、イミプロトリンなど様々な種類がありますが、いずれもピレトリン誘導体といわれるもので、②に該当します。つまり、ピレトリン（これは①に該当）をもとにした、その類似物質ということです。いずれも昆虫に対して神経毒として作用し、殺します。揮発しやすさや効果の速さなど、それぞれで性質が違っていて、その性質に合わせて、ゴキブリスプレーや蚊取り線香などに使い分けられています。

一方、虫よけスプレーに使われているディート（N，N－ジエチル－3－メチルベンズアミド）は、ピレスロイド系殺虫剤とはまったく違います。人工的に化学合成されたもので、蚊などの虫を殺すのではなく、寄せ付けないようにするもの（忌避剤）です。

以上のように、ドラッグストアで売られている飲料・食品、医薬部外品、化粧品、医薬品、防虫製品などに使われているのは、②に該当する化学合成物質が圧倒的に多く、一部は、①に該当する化学合成物質、さらに天然物質であることが分かります。

これらの天然物質は、一部危険性のあるものもありますが、ほとんどは人間にとって害のないものです。また①に該当する化学合成物質は、もともと食品に含まれている成分が多いことから、安全性は高いものが多いと言えます。

一方、**②に該当する化学合成物質は、人間にとってなじみのない、新たな物質ということで未知の部分が多く、その安全性が不確かなものが多いのです。**そのため、ネズミやイヌなどの動物で安全性を確認したり、医薬品の成分については、人間にも試験的に投与して、安全性と効果を調べているのです。しかし、それでも人間にとって本当に安全なのかどうか、分からないものが多い状況です。

おわりに

現在、私は69歳（1954年9月生まれ）ですが、25歳の時に歯ブラシに歯磨き剤を付けずに歯を磨き始め、それをずっと続けています。そのため、これまで歯肉のトラブルはなく、歯周病と診断されたことは一度もありません。

おそらく多くの方は、ドラッグストアで歯磨き剤を買って、それを使って毎日歯を磨いていると思います。しかし、一生懸命磨いているにもかかわらず、歯周病の人がとても多い状況です。また、高価なシャンプーやコンディショナーなどを使っている人も多いと思いますが、薄毛の人が増えているようです。つまり、よかれと思ってしていることが、実はマイナスに働いていることが多いのです。

ドラッグストアには、飲料・食品、化粧品、医薬部外品、医薬品、洗剤など、体によさそうで、便利そうな様々な製品がずらっと並んでいます。そして、それらのテレビCMが毎日のように流れています。それでついつい買ってしまうのだと思います。しかし、その製品が本当に必要なのか、体にとってよいものなのか一度じっくり考えていただきたいと思います。

本書で示したように、実際には危険性の高い化学合成物質を含むものが多いのです。また本来必要のないものも少なくありません。そんな製品を買わないために、本書を活用していただければ幸いです。

※商品パッケージ、情報は２０２３年11月時点のものです。

渡辺雄二（わたなべ　ゆうじ）

1954年生まれ。栃木県宇都宮市出身。千葉大学工学部合成化学科卒業。消費生活問題紙の記者をへて、1982年にフリーの科学ジャーナリストとなる。以後、食品・環境・医療・バイオテクノロジーなどの諸問題を消費者の視点で提起し続け、雑誌や新聞に精力的に執筆。とりわけ食品添加物、合成洗剤、遺伝子組み換え食品に造詣が深く、全国各地で講演もおこなっている。
著書に『新版「食べてはいけない」「食べてもいい」添加物』（大和書房）、『子どもに「買ってはいけない」「買ってもいい」食品』『コンビニの買ってはいけない食品 買ってもいい食品』『飲んではいけない飲みもの 飲んでもいい飲みもの』『買ってはいけないお菓子 買ってもいいお菓子』『買ってはいけないインスタント食品 買ってもいいインスタント食品』（以上、だいわ文庫）、『体を壊す10大食品添加物』（幻冬舎新書）、『食べるなら、どっち!?』（サンクチュアリ出版）、『加工食品の危険度調べました』（三才ブックス）、ミリオンセラーとなった『買ってはいけない』（共著、金曜日）など。

ドラッグストアで
「買《か》ってはいけない」「買《か》ってもいい」商品《しょうひん》

2023年12月20日　第1刷発行

著　者　渡《わた》辺《なべ》雄《ゆう》二《じ》
発行者　佐藤 靖
発行所　大《だい》和《わ》書房
〒112-0014　東京都文京区関口1-33-4
TEL 03-3203-4511

ブックデザイン　福田和雄（FUKUDA DESIGN）
装　画　高橋由季
写　真　原 幹和
校　正　メイ
印　刷　歩プロセス
製　本　ナショナル製本

ISBN978-4-479-78596-5
乱丁・落丁本はお取り替えいたします。
https://www.daiwashobo.co.jp